KB205312

마라나타

일곱교회 이야기 첫 번째

차례

"죄인을 위하여 하신
그리스도의 사역은 완성되었지만
죄인 안에서 이루어지는
그 분의 사역은 아직도 끝나지 않았다."

도날드 G. 블로쉬

계시록에서 가장 중요한 부분은 아마도 2~3장에 걸친 아시아의 일곱 교회의 사자에게 보내는 서신일 것이다. 이 서신들이 계시록에서 가장 중요한 이유는 교회의 과거와 현재 그리고 미래에 담긴 교회의 상황에 대한 진실과 그 진실이 규명하는 중요한 문제들을 예수님이 선명하게 조명하고 계시기 때문이다. 또한 예수님은 진실을 드러내는 데서 더 나아가 이 문제들을 해결할 수 있는 방법도 제시하신다.

하나님은 계시록에서 스스로를 '전에도 계시고 이제도 계시고 장차 오실 이'라고 설명하신다. 이러한 선포를 하신 데는 많은 이유가 있지만, 무엇보다도 세상과 시간의 주관자로서 과거에 있었던 교회, 현재 존재하는 교회, 미래에 존재할 교회 모두를 통치하시고 그들을 지키시는 분임을 선포하기 위해서라고 믿는다. 예수 그리스도가 오시기 전에도 예수 그리스도가 오셨을 때도 예수님이 부활 승천하신 이후에도 예수님의 교회는 늘 하나님의 보호와 양육 아래 있었고 있을 것이다.

영원하신 주의 말씀은 과거, 현재, 미래의 교회를 아우르는 힘을 가지고 있다. 교회가 봐야 할 세상의 진실과 교회가 가진 진실을 보게 하실 뿐 아니라 궁극적으로 세상을 이기게 할 수있는 힘이 말씀 속에 있다.

그중 계시록 2,3장에 담긴 주의 말씀은 세상을 살아야 하는 교회가 어떻게 하면 이길 수 있는지에 대해 구체적으로 이야기하고 있다. 이 때문에 서신에서는 이기는 자가 어찌어찌하면 승리한다는 말씀이 반복적으로 등장한다.

그렇다면 어디서 이기는가? 무엇을 이기는가? 언제 이기는가? 과거의 교회, 현재의 교회, 미래의 교회가 가지는 문제와 영적인 싸움은 조금씩 다르지만, 시간을 통치하시는 그분은 이미 모든 시대의 교회에 싸움에서 이길 수 있는 열쇠를 쥐여주셨다.

언제 어느 시대에 있건, 어느 지역에 있건, 교회의 지도자가 누구건, 또한 교회에 속한 자가 누구건, 교회 안에 속해 있기만 하다면 이 편지들은 교회의 구성원을 살릴 뿐 아니라 교회를 완성하며 주님의 오시는 길을 예비하고 결과적으로 모든 교회의 구성원이 영원한 나라에 속할 수 있는 비결을 보여준다.

현재에 존재하는 영적인 싸움이 과거에도 있었고, 미래에도 있을 것이다. 과거에 있던 두아디라나 사데가 지금도 어딘가에 존재하는 것처럼 말이다. 결국 인간의 욕심은 같은 결말을 향해 갈 것을 아시기에 또한 이것을 실제로 보시는 하나님이시기에 요한을 통하여 계시록을 집필하게 하시고 이 서신들을 써서 보내게 하신 것이다.

모세에게 하셨던 말씀이 현재 성도들에게 적용되기도 하고 과거에 있던 발람의 세력이 현재 교회에도 있음을 알려줄 수 있다면 당시 요한이 썼던 일곱교회에 관한 이야기가 단순히 당시에 있던 교회를 향해서만 기록된 것이 아님을 알 수 있다.

우선, 이 글은 성령께서 내게 가르쳐주신 것이라 확신한다. 그러나 나는 사람으로서 그의 말씀을 때론 정확하게 이해하지 못한 때도 있음을 알려주려 한다. 이 글은 어디까지나 성령이 계시하신 것 중 나의 이해력 안에서 완성된 글이며 따라서 이 글을 쓰신 이는 오직 성령이시나 실수하고 바로 되지 못하다고 여겨지는 해석은 오직 나의 어리석음에서 오는 것임을 알아주길 바란다. 이 글은 결코 완벽하지 않다. 이 때문에 나는 이 글을 읽는 모든 이들이 스스로 하나님께 기도하고 요한 계시록의 말씀을 직접 살펴보기를 권한다.

다만 이 글을 통하여 알려주시려는 성령의 마음은 마지막 때를 살아가고 있는 교회가 좀 더 이 서신들의 의미를 심도 있고 깊이 있게 깨닫기를 원하신다는 것이다. 왜냐하면 지금은 이 글을 읽어야 할 때고 최대한 이해하기를 힘써야만 할 시대이기 때문이다.

당시에 요한이 이해할 수 없었던 많은 일들이 지금, 현재 일어나고 있고, 거기에 더해 창세기부터 요한 계시록이 보여주는 완전한 성경을 접할 수 있는 복이 우리에게 있다는 것은 어쩌면 계시록이라는 천국을 있는 힘껏 침노하라고 허락하신 것 같기도 하다.

또한 지금 '나'라는 작은 여인에게 이러한 방대한 하나님의 나라를 이야기하신 것은 미련한 자를 들어 그의 나라를 나타내게 하시기 위함이라고 믿는다. 그래야만 사람이 아니라 하나님이 하신 것임을 많은 이들이 믿을 수 있기 때문일 것이다.

마리아가 어리고 연약한 소녀였으나 그 아이를 통해 예수님이 나신 것과 같이 나 또한 어리고 나약하고 어리석은 주님의 작은 딸일 뿐이나 주님이 사용하시고자 하시면 그의 지혜로움을 드러내실 수 있으리라 믿는다.

사실 예수님이 우리에게 원하시는 것은 마리아처럼 누구든 그 안에 예수 그리스도를 품어 그의 생명의 강물을 세상을 향해 넘치게 하는 것이다. 그들이 위대하기 때문에 성경에 기록된 것이 아니라 그들이 위대해질 수 있었음은 오로지 믿음으로 말미암은 예수 그리스도의 역사였음을 보여주시기 위해서라고 믿는다.

　글을 쓰는 내내 놀라움과 경이로움, 예수 그리스도라는 엄청난 분과의 만남에 몇 번이고 자리에 앉아 그분을 경배하곤 했다. 그는 실로 하나님이시며 나의 그리스도이시며 보이는 이 세상을 다스리실 분이 아니라 영원하고도 초월적인 전 우주와 영원한 시간의 통치자이심을 매 장을 쓸 때마다 나의 온 세상이 흔들리는 것과 같이 느낄 수 있었다.
　실로 하나님의 말씀은 위대하며 그 살아있는 말씀이신 예수 그리스도는 위대한 나의 주님이자 왕이심을 선포한다.
　이 글을 쓰는 동안 성령님은 나의 삶의 행보와 걸음에 맞추어 말씀을 이해하게 하셨다. 정말 희한하게도 특정 단원의 말씀을 읽고 연구하는 동안 세상의 흐름도 말씀을 이해하는 데 도움이 되었던 것을 기억한다. 나의 실수와 미천함과 어리석음이 결코 예수 그리스도의 영광을 가리지 않기를 간절히 기도한다.
　하나님은 나에게 선물과 같은 가족이자 동역자들을 허락하셨다. 이 글이 나올 수 있게 물심양면으로 지지해 주시고 응원해 주신 아버님, 어머님, 나의 남편과 이모 그리고 포스 식구에게 감사하고 싶다.

이분들의 기도와 사랑이 없었다면 나는 성령님과의 충분한 시간을 공유할 수 없었을 것이다. 또한 나를 위해 기도해준 포스패밀리 팬들과 많은 중보자들에게 감사를 드린다. 글을 편집해 주고 너무나 멋진 디자인으로 고생해준 김문석 팀장님 이하 호산나 출판사 식구에게도 감사를 전한다.

또한 많은 존경과 하나님의 사랑을 받고 계시는 믿음의 선배님들이신 오대원 목사님, 김진홍 목사님, 김동호 목사님과 이용규 선교사님 그리고 곽수광 목사님의 추천글이 얼마나 나와 같이 어리석고 연약한 성도를 하나님의 사랑으로 위로했는지를 말하고 싶다. 이 책 안에 담겨 있는 하나님의 사랑을 성령의 눈으로 보시고 시간을 내어주신 종들에게 감사를 드리고 싶다.

방대한 계시록의 정보들 중 먼저 일곱교회에 관한 이야기를 전하려 한다. 예수 그리스도의 복음, 교회가 가야 할 방향, 승리의 비결, 영적 싸움의 실체들 같은 중요한 하나님의 이야기가 여기에 담겨있다. 계시록을 보는 관점과 시각, 에베소부터 라오디게아까지 다룬 이 내용은 두 권으로 나뉜다. 그 중 첫 번째 책을 여러분들에게 소개한다. 이 첫 번째 책의 내용을 가슴에 담아 둔 후 두 번째 일곱교회 이야기를 보게 된다면 더욱 유익하게 되지 않을까 생각해 본다.

우리들이 살아가는 이 현실에서 보이지 않는 현실인 영적인 실체들을 이 책을 읽는 모든 이들이 두 눈을 부릅뜨고 실제로 볼 수 있기를 소원한다. 일곱교회 이야기 속에서 내내 강조하고 있는 영적인 전쟁은 실제 우리들의 삶 모든 순간 속에서 일어나고 있기 때문이다.

일곱교회 이야기 이후의 계시록의 예언적인 부분들은 2, 3장에 걸친 교회를 향한 진리의 말씀 없이는 견뎌낼 수 없는 불과 같은 말씀들이다.

우리들은 반드시 아시아에 있는 일곱교회를 향한 예수님의 말씀의 실체를 알아야 하고 이겨 승리해야 한다. 오직 예수 그리스도의 영광이 우리를 지키시길 원하며….

추천사

●   소향은 그리스도의 학자입니다. 예수 그리스도를 알고자 하는 갈급함 가운데, 그분이 말씀하고자 하시는 모든 것을 듣기를 갈망하는 분입니다. 그리고 하나님을 모든 사람에게 알리기를 원하십니다.

오래전부터, 그가 한국에서 지금처럼 중요한 위치에 올라 하나님의 아름다움과 영광을 드러내기 전부터 이 분을 알았는데 새벽마다 예수님의 얼굴을 찾아서 그의 말씀을 사모하는 열정은 멈추지 않았던 것을 보아 왔습니다. 기도의 여인이며, 또한 말씀의 여인입니다. 말씀을 알고자 하는 그분의 멈출 수 없는 열정은 헬라어를 스스로 공부하면서, 이 때를 향한 주님의 말씀을 더 잘 이해하도록 이끌었습니다.

성령께서는 요한계시록에 있는 교회들에 대한 주님의 마음을 직접 소향에게 보여주신 것을 확신합니다. 교회들에 관한 그의 통찰력은 깊고

신선하며, 나는 그것을 통해 모든 세대의 교회들을 향한 하나님의 말씀, 특별히 오늘날의 교회들을 향한 말씀을 들을 수 있습니다.

　이 책을 읽을 때, 하나님의 성령이 독자들에게 그리스도 안에서의 놀라운 구원과 이 마지막 때를 향한 그분의 계획을 말씀하실 것입니다. 우리는 하나님의 사랑 안에서 거룩한 삶을 살고자 하는 새로운 열망을 갖게 되며 우리의 원수, 사탄을 어떻게 이길 수 있는지를 배우게 될 것입니다.

　이 책을 읽음으로써 소망이 충만하게 임할 것입니다. 나는 하나님의 위대하심을 온 세계가 듣게 될 수 있도록 이 책이 영어판으로도 속히 출간되기를 고대합니다.

오대원 David E. Ross (예수전도단 설립자)

● 　　성경은 하나님의 말씀이지만 동시에 인문학적으로 보면 고전 중에 고전, 모든 클래식 중에 최고의 클래식, 그래서 'The Classic'이라고 할 수 있다. 고전의 특징은 보는 사람의 다양함에 따라 수많은 새로운 해석과 창조적인 아이디어들을 길어 올릴 수 있는 끝이 보이지 않는 우물 같고 금광과도 같은 것이라고 말할 수 있겠다.

그래서 소향의 마라나타 원고를 받아 들었을 때 그런 기대가 있었다. 한 아티스트의 눈으로 본 계시록은 우리가 전통적으로 계시록을 읽을 때 볼 수 없었던 어떤 새로운 깨달음을 주지 않을까? 탁월함의 경지에 이른 가창력을 가진 가수의 입장에서, 어찌 보면 세상의 가장 화려한 무대 한복판에 서 있는 연예인의 시각으로 계시록을 보면서 무엇을 보았을까? 딱 그 정도의 기대였던 것 같다.

그런데 첫 페이지를 읽는 순간부터 그것은 너무나 단순한 기대였던 것을 깨닫게 되었다.

수필집이나 소설류의 계시록이 아니라 수십 년 성경과 씨름하며 단어의 뜻 하나하나, 원문의 뉘앙스 한 가지를 밝히기 위해 평생을 바치는 성경학자들의 노작들과 비견될만한 성경주해서였기 때문이다.

한 페이지 한 페이지 넘기면서 받은 충격을 글로 옮기기가 쉽지 않다. 성경을 연구하기 위해 신학교에서 배웠던 모든 주석 방법론들이 망라되어 풀어내는 성경해석에 찬탄을 금할 수가 없었다.

탄탄한 원어 연구와 본문 주석, 성경 본문의 배후에 살아 있는 삶의 정황에 대한 철저한 고증, 사회학적인 시각으로 바라보는 통찰력, 구약성경과의 통전적인 연관성을 밝혀내어 묵시문학의 가장 큰 특징인 상징과 은유를 성경 전체의 틀 안에서 볼 수 있도록 이끄는 내용들을 접하면서 드디어 한국교회의 뜨거운 감자처럼 여겨져 왔던 요한계시록이 사실은 마지막 시대 성도들의 영적 유익과 교회의 회복을 위해 예수님께서 주신 최고의 비밀병기이고 영적 전쟁에서 승리하는 메뉴얼이라는 사실을 알릴 수 있는 최고의 교과서가 탄생했다는 것을 느낄 수가 있었다.

이 책을 요한계시록에 대해서 막연히 어렵고 무서운 책이라는 선입견을 갖고 있었던 성도들에게 꼭 권하고 싶다. 성경 본문에 대한 탄탄한 해석뿐만이 아니라 구체적으로 이 계시의 주인이시고 주인공이신 예수님과의 친밀함을 회복하고 누릴 수 있도록 인도하는 실제적인 적용들이 너무나도 아름답게 표현되어 있기 때문이다.

또한 한국 교회 영적 전쟁의 승패를 가를 수 있는 리더십들이 꼭 이 책을 보게 되기를 소망하며 추천한다.

계시록을 통해서 그리고 이 책을 통해서 교회의 리더인 사자들에게 주시는 특별한 메시지가 곳곳에 담겨 있기 때문이다.

저자 소향은 바빌론의 문화 한복판에서 그 화려함의 정점에서 세상을 볼 수 있는 기회를 지닌 특별한 사역자이다. 그래서 세상의 유혹과 세상의 우상이 가진 힘과 치열하게 싸워본 사람만이 확실하게 말할 수 있는 승리의 비밀을 피를 토하는 심정으로 우리에게 외치고 있다.

오직 성령으로! 오직 말씀으로! 오직 예수 그리스도!

이 책을 읽는 모든 하나님의 백성들이 이기는 자가 되기를 소망하며 강력히 추천한다.

곽수광 목사(국제푸른나무 대표)

● 　　추천사를 부탁하기 위해 택배로 보내진 원고의 저자가 소향인 것을 보고 깜짝 놀랐다. 동명이인인 줄 알았다. 그런데 아니었다.

　소향이 책을 썼다면 예상되는 책의 장르가 있다. 그런데 그것이 아니었다. 계시록에 대한 책이었다. 신학을 전공하고 평생 목회를 하는 사람들도 쉽게 도전하지 못하는 계시록을 썼다는 것에 솔직히 놀랐다. 많이 놀랐다.

　그러나 그 놀라움은 원고를 읽으며 받은 놀라움과는 비교도 되지 않았다. 대단한 책이었다. 많은 기도와 많은 공부와 많은 준비와 많은 묵상이 있었음을 단번에 알 수 있었다.

　그런데 그게 전부가 아니었다.
　그것만으로 쓰인 책이 아니었다.
　그것만으로는 절대로 이런 책이 쓰이지 않는다.

　하나님이 요한에게 계시록에 대한 특별한 계시와 영감을 주어 쓰게 하셨듯이 하나님이 저자에게 이 책에 대한 특별한 계시와 영감을 주셨다는 것을 느낄 수 있었다.

계시록에 기록된 일곱교회에 대한 하나님의 말씀 속에서 오늘날 우리들의 교회에 대한 하나님의 말씀을 들을 수 있으며 앞으로 우리들의 교회가 나아가야 할 방향을 찾아야 한다는 저자의 저작 의도에 깊이 공감한다.

이 책을 통하여 우리들의 교회가 어떠한지 또 어떠해야 하는지에 대한 귀한 깨달음을 얻게 되기를 기대하며 이만한 책을 추천할 자격이 없음에도 불구하고 감히 추천한다. 계시록에 대한 책은 가짜(?)와 엉터리가 많다. 그래서 책을 고르기가 참 쉽지 않다.

계시록에 대한 귀한 책을 써 준 저자에게 존경과 박수를 보낸다.

김동호 목사(높은뜻연합선교회 전 대표)

소향 자매를 알고 지낸 지 12년이라는 세월이 흘렀습니다. 그간 저는 처음에 가스펠 가수로서의 소향 자매를 만났습니다. 하나님을 향한 사랑과 복음을 향한 열정에 특별한 감동을 받았습니다. 자매는 자신의 가창력과 재능을 하나님께 드리기 위해서 연예계로 갈 기회를 내려놓고 주님을 섬기고 있었습니다.

　소향 자매는 연예계에 몸담은 많은 크리스천 형제자매들을 향한 특별한 마음을 가지고 그들을 조용히 섬기는 일을 하고 있었습니다. 그 섬김의 자리에 잠시 함께하면서 자매의 잃어버린 영혼에 대해 안타까움이 귀하다고 느꼈습니다.

　그후 스스로 연예계의 한복판으로 들어가서 거기서 한 사람의 크리스천으로 영향력 있는 삶의 모델을 이루고자 애써왔습니다. 찬양에서 고백한 내용을 삶으로 이루고자 하는 간절함을 지켜볼 수 있었습니다.

요한계시록에 대한 묵상은 이미 제가 자매를 만나기 전 오랜 시간부터 무르익어 온 것입니다. 이번에 이 책을 접하면서 자매가 오랜 시간 삶의 여정 가운데 예배와 기도와 묵상과 하나님과의 교제 그리고 연구 가운데서 글이라는 형태로 표현한 결과물을 통해서 자매의 새로운 면모를 만나게 되어서 놀랍고 기쁜 마음이 있습니다.

이 책 전반에 걸쳐 저자가 얼마나 깊이 있게 요한계시록의 원어인 고대 그리스어와 당시 역사 사회적 배경을 공부하고 글자 한 자 한 자를 연구했는지 알 수 있습니다. 하지만 신학을 전공하지 않은 저의 관점에서 그보다 더 중요하게 와닿는 것이 있습니다.

저는 자매의 삶과 지향의 기초가 이 책에 묻어 있다고 생각되었습니다. 삶의 자세가 순전하고 마음 자세의 나침반의 바늘이 복음을 향해 맞춰져 있지 않으면 나오기 어려운 해석과 설명이 글의 중심을 흐르고 있음을 봅니다. 그리하여 이 책은 복음이라는 렌즈로 일곱교회를 향한 예수님의 메시지를 영감 있게 해설해 줍니다.

요한계시록의 일곱교회를 향한 예수님의 메시지는 오늘날 우리 교회에 주시는 메시지이기도 합니다. 요한계시록에 대한 묵상이 우리의 현 삶에 변화를 일으키기 위해서는 지식을 전달하는 것만으로는 한계가 있고 지혜와 바른 방향성에서 우러나오는 영적 영향력이 있어야 한다고 생각합니다.

소향 자매의 묵상과 연구의 결과가 독자들에게 그런 영향력의 파문을 일으킬 것으로 기대합니다.

이용규 선교사(인도네시아 자카르타 국제대학교 설립자, 〈내려놓음〉 저자)

● 　　한 주일여 전에 '마라나타'라는 제목의 원고를 보내왔기에 원고에 붙여진 부제 일곱교회 이야기에 눈길이 끌려 정독하게 되었습니다. 처음엔 글쓴이가 누군지 관심을 기울이지 못하고 읽었습니다.

읽어나가는 중에 누가 이런 좋은 글을 썼을까 하는 생각이 들어 글쓴이를 살폈더니 '소향'이란 이름이기에 찬송을 은혜롭게 부르는 그 소향인가 하여 알아보았습니다.

저자 소향은 머리말에서 다음같이 쓰고 있습니다

"마리아가 어리고 연약한 소녀였으나 그를 통하여 예수님이 나신 것과 같이 나 또한 어리고 나약하고 어리석은 주님의 작은 딸일 뿐이나 주님이 사용하시고자 하시면 그의 지혜로움을 드러낼 수 있으리라 믿는다. 사실 예수님이 우리에게 원하시는 것은 마리아처럼 누구든 예수 그리스도를 품에 그의 생명의 강물을 세상을 향해 넘치게 하는 것이다"

나는 원고를 계속 읽는 중에 소향 저자의 말처럼 마리아를 사용하신하나님께서 소향 딸을 사용하고 계심을 확인할 수 있었습니다. 요한계시록 첫 부분에 등장하는 일곱교회 이야기는 요한계시록을 이해하고 성경 전체를 이해함에 길잡이가 되는 부분입니다. 그처럼 중요한 부분이기에 웬만한 목회자들도 쉽사리 다루지지 못하는 부분입니다.

일곱교회 이야기를 통하여 우리는 과거에 역사하셨고 지금도 역사하시며 미래에도 여전히 역사하실 하나님을 만나게 됩니다. 그래서 중요하고 어려운 부분입니다. 그런 부분을 소향 자매가 넉넉히 이해하고 깊이 있으면서 쉽게 써 내려간 그 솜씨에 감탄하며 읽었습니다. 덕분에 요한계시록의 일곱교회 공부를 다시 할 수 있게 되었습니다

나아가 요한계시록 전체를 다시 공부하고자 하는 용기를 얻게 됐습니다. 바라기는 많은 분들이 소향 자매의 〈마라나타 일곱교회 이야기〉를 읽고 보다 깊은 신앙에 이르게 되고 역사 속에서 살아 움직이시는 하나님을 만날 수 있게 되기를 바라며 추천의 글에 대신합니다.

김진홍 목사(두레수도원, 〈새벽을 깨우리로다〉 저자)

01
Chapter

계시록의 배경

Revelation

1장
요한의
시절

예수의 증거를 인하여
밧모라 하는 섬에 있었더니···. 계 1:9

개인의 마음과 더불어 사회적 혹은
정치적 영역이야말로, 모든 피조 세계를
통틀어 현재 하나님 나라나 그분의
유효한 의지의 부재(不在)가 허용된
유일한 부분이다.

달라스 윌라드 - 〈하나님의 모략〉 중에서

✝ 로마와 헬레니즘

로마라는 거대한 제국이 명성을 떨치고 헬레니즘 문화가 로마 제국의 발을 통해 뻗어 나가던 시절, 도미티아누스 황제는 자신을 신으로서 숭배해야 한다는 칙령을 선포한다. 이때가 기원후 91년 정도 되던 해였고 사도 요한은 이 시기에 어떤 이유로 인해 밧모섬으로 유배를 간다.

그의 글에서 하나님의 말씀과 예수 그리스도의 증거 때문이라고 하는 구절을 보아 아마도 요한이 섬에 갇힌 건 도미티아누스의 정책에 순응하지 않은 그의 행동이나 신념 때문인 것 같다. 이때 하나님은 밧모섬에서 그에게 요한 계시록이라는 엄청난 책을 쓰게 하신다. 성경의 중요한 두 묵시록 중 하나이며 이에 대한 의견은 여러 세대에 걸쳐 매우 분분했다.

나는 나름대로 계시록을 보는 데 있어 당시 요한의 시대에 있던 두 가지 특징이 매우 중요한 예시적인 배경을 보게 한다고 생각했다.

첫째, 로마 제국, 도미티아누스 황제 시절이라는 점은 교회가 처한 영적인 상황과 연관된다고 여겼다. 정사와 권세를 쥐고 있는 공중 세력은 사실상 어둠과 거짓의 세력인 마귀가 쥐고 있다. 성도들은 어쩔 수 없이 악한 세력과 협력하는 제국들의 경계와 힘이 지배하는 곳에서 살아가야 한다. 모든 제국의 성립은 인간의 욕심과 맞물려 있고 따라서 악한 세력은 반드시 격동하는 제국들의 흥망속에서 물타기를 할 수밖에 없다.

물론 이 제국들을 세우기도 하시고 멸하기도 하시는 권한은 하나님께 있다. 하나님은 그분의 교회를 세상에 세우시기 위해 인간들의 욕심이 이룬 화를 복으로 전환하시는 분이며 이는 그의 능하신 지혜와 통치 아래 이뤄지지만 단지 모든 세상의 사람들을 기다리시기 위해 성급히 그의 나라를 세우시지 않는 것뿐이다.

성도들은 그러한 세대에서 하나님의 뜻을 따르며 살아가야 하고 이러한 움직임엔 시대마다 세워진 제국의 정치라는 장애가 도사리고 있다.

특히 마지막 때의 성도들은 도미티아누스 황제의 시절처럼 인간을 신으로 섬겨야 하는 일이 정치적인 도구로 사용될 때 그것에 굴복하지 않고 싸워야 하는 생존의 문제가 걸려있을 것이다.

굳이 미래로 가지 않아도 된다. 우리나라인 한국의 상황은 어떠한 신앙이든지 선택할 수 있는 자유가 있지만, 이슬람권에서 사는 사람들, 공산권에 사는 사람들에겐 이러한 자유는 생존의 문제와 직결된다. 요한의 시절에 황제를 섬겨야만 했고 이를 거절하면 감옥에 갇히거나 교수형을 당했던 일들이 지금도 일어나고 있는 것처럼 말이다. 오래전 요한의 갇힘은 현재의 갇힌 성도들에게 큰 의미를 선사할 것이다.

또한 사회의 제도나 배경이 아니더라도 복음으로 인해 갇히고 고립되는 상황은 자유로운 환경에서도 나타날 수 있다. 심리적으로 가정에서 직장에서 학교에서 갇히는 일은 일어날 수 있다. 말했다시피 공중세력을 잡고 있는 사단은 문화, 정치, 경제를 통해 인간의 영혼을 어딘가에 가두고 있기 때문이다. 하나님은 이와 같이 요한의 시절까지도 예언적인 배경으로 사용하셨다는 것을 알 수 있다.

　이러한 상황에서 성도들이 영적으로 승리할 방법을 알기 위해서는 우선 적이 어떠한지를 분별해야 한다. 그것은 로마 제국이라는 정치적 체계 안에 존재하던 영적인 영역이며 이는 역사가 흘러갔던 모든 사람이 살았던 세상의 상황과 크게 다르지 않다.

　특별히 마지막을 향해 가고 있는 세상은 로마의 황제와 같은 강력한 인간의 세력을 원하며 그것이 하나님을 대신해 모든 것을 평온하게 해주길 기대한다. '~주의'들이 탄생한 이유도 인간에 의한 정치를 통해 세상이 평등해지고 자유로워지는 것을 꿈꾸기 때문이었다.

　하지만 어떠한 제도든 상위와 하위가 있다는 것은 변함이 없고 어쨌든 누군가의 지배하에 살아가며 그들의 욕심을 위해 백성은 열심히 손발을 움직인다. 아이러니하게도 백성은 욕심을 가진 왕을 세우길 원하며 그가 신처럼 그들의 모든 욕망을 채워 주리라 기대하지만, 그것은 이뤄질 수 없는 일이며 하나님조차 하지 않는 것이다. 이러한 세상을 지배하려는 왕은 로마 제국처럼, 도미티아누스 황제처럼 초강력적인 왕권과 지경과 정치를 펼치길 원할 것이다.

이로 볼 때 요한의 시절은 모든 교회가 살아나가야 할 모든 시대의 제국들의 영적인 상황과 비슷하다고 할 수 있다.

둘째, 헬레니즘 문화의 시대라는 것. 헬레니즘은 아주 중요한 영적인 상황이다. 로마와 그 이후 나타난 강대국들의 등장은 모두 헬레니즘이라는 강력한 문화의 반경 아래 자라난 실질적 세력이 형성한 국가들이었다.

로마는 전(前) 제국이었던 그리스의 헬레니즘 문화의 훌륭한 이점을 놓치지 않았다. 로마가 위대한 제국이 될 수 있었던 것은 헬레니즘 문화가 가지고 있던 강점을 그대로 수용했기 때문이다.

로마라는 하나의 국가 체계 아래 다양한 민족을 담기 위해서는 통일된 문화가 필요했고 그것을 통합하는 문화는 여러 타민족이 스스로의 의지로 수용해야 할 만큼 훌륭하고 용이해야만 했다. 고려가 불교와 한자라는 문화를 이용한 것, 조선이 성리학을 받아들이거나 한글이라는 문자를 창제한 이유도 백성의 마음을 국가의 체계 아래서 강력하게 지배하기 위해서였다. 백성의 마음을 얻지 못하면 권력도 얻지 못하는 정치적인 운동력 때문이다.

교회조차도 헬레니즘이 뻗치고 있던 문화의 통로가 없었다면 전 세계로 복음이 전달되지 못했을 것이다. 헬레니즘은 마치 자동차가 다닐 수 있는 고속도로와 같은 문화적 통로였고 지금까지 로마를 통해 퍼졌던 헬레니즘은 변형된 모습으로 각 나라와 민족 가운데 퍼져있다.

문화의 배경이 중요한 이유는 예술, 음식, 생활 방식, 언어, 의복 등 모든 문화의 방식과 개념이 인간의 사고 체계와 가장 깊이 연관되어 있기 때문이다. 각 나라의 제사 의식, 음식을 먹는 방식의 다름에 따라 성도들의 영적 싸움도 달라진다. 문화라는 이름으로 다가오는 음란, 부조리, 불의함은 성도들이 싸워야 할 영적인 큰 싸움들 속에 있기 때문이다. 소돔과 고모라에 살던 롯이 그 속의 불의함으로 인해 괴로워했던 이유다.

요한의 시절에 있던 방대한 헬레니즘의 문화는 지금의 교회가 살아가는 글로벌 시대의 문화와 비슷하다. 로마가 헬레니즘 문화 아래서 움직였던 것처럼 지금의 세상 또한 글로벌 문화라는 영역 아래 하나로 통합되어 가고 있다. 이는 헬레니즘이란 줄기에서부터 온 것임이 분명하다.

로마의 공화정과 비슷한 정치 형태, 헬라어와 비슷한 역할을 하는 영어, 법체계, 경제 조직, 로마 제국에서 퍼졌던 예술 양식, 음식 문화 같은 것들은 지금의 사회 전반에 걸쳐 변형된 모습으로 적용되고 있다.

로마 제국의 영향을 받았던 유럽의 문화가 미국으로 전파되고 그 나라를 통해 전 세계로 문어발처럼 뻗어 나갔고 또 다른 제 3세계의 영역을 통해 퍼져나가고 있다.

이 서신들에서 발견할 수 있는 영적인 상황은 로마 제국의 영향력 아래 있던 헬레니즘 문화라는 배경을 생각하고 볼 때 더 잘 이해할 수 있으리라 믿는다.

밧모섬

요한의 시절에 있던 위의 두 가지 배경은 일곱교회를 향한 예수님의 서신을 보는 데 있어 매우 중요한 장치다. 앞으로 등장할 발람의 교훈, 이세벨의 교훈 같은 이야기들이 오래전 발람의 사건과 이세벨의 사건과 연관되어 있는 것과 같은 이치다.

발람이 있었을 때 발락과 시므온 족장과 비느하스를 볼 수 있고, 이세벨이 있었을 때 엘리야와 바알의 제사장들과 아직 바알에게 무릎 꿇지 않은 7000명의 사람이 등장하는 것처럼 말이다.

또 다른 배경이 하나 더 있다. 그것은 요한이 처한 상황이었다. 성도들은 위 두 가지 특징을 가진 세상에서 요한처럼 핍박을 당할 수밖에 없다는 점이다. 예수님이 '세상이 나의 이름을 가진 너희를 미워하고 핍박할 것'이라고 말씀하신 것과 같이 말이다.

성도들은 하나님의 말씀과 예수 그리스도의 증거로 인해 고난을 당한 형제들이다. 이것이 교회의 구성원들이 가진 실제적인 모습이다.

밧모섬에 유배를 당한 요한처럼 그들은 세상에서 소외되고 핍박받으며 각자의 영역에서 고난을 받으며 십자가를 지고 간다. 어떤 이는 직장에서 어떤 이는 가정에서 어떤 이는 제도 아래에서 고통과 갈힘과 수난을 겪고 싸워 간다.

만약 이러한 상황을 당하지 않고 있다고 생각하는 성도가 있다면 그것은 잘못된 삶을 살아가고 있다고 봐도 무방하다. 고난이 없는 성도는 십자가를 알 수 없고 따라서 그는 세상에 속한 사람일 뿐 교회의 일원도 그리스도의 몸도 아니다. **그의 영광을 누릴 자는 반드시 그와 함께 고난을 당한다.**

이것이 요한이 밧모 섬에 갇혀 있는 모습을 보일 수밖에 없었던 이유다. 이는 하나님이 의도하신 것이 분명하다. 예수 그리스도의 증거와 하나님의 말씀을 소유한 사람을 세상은 절대 가만 놔두지 않는다는 사실을 밝히 보이시기 위해서다.

계시록에서도 이를 확연히 밝히고 있다. 요한은 자신의 이러한 상황을 매우 자랑스럽게 말하였으며 이것이 자신의 영광이라고 생각하면서 기록했다. 이것이 교회의 형제된 표식이었고 증거였기 때문이었다.

로마 제국과 같은 나라에서 사는 성도들, 문화의 패러다임이라는 파도에서 사는 성도들, 이러한 세상에서 고난을 당하는 성도들은 요한 계시록에 등장하는 로마와 헬레니즘과 밧모섬의 요한의 모습이 예시하는 현재와 미래의 모습일 것이다.

아시아

요한이 서신을 보냈던 일곱교회는 로마의 현(縣)이었던 '아시아'에 있었다. 지금의 터키이며 고대 아시아의 중심지는 에베소로 지금의 셀주크 지역이다.

교회들이 가지고 있던 지리적 위치 또한 예시적인 배경 중 하나다. 왜냐면 그들이 자리했던 지리적 위치가 로마에서 어떠한 역할을 했던 곳이었는지에 따라 영적인 싸움의 성격을 판별할 수 있기 때문이고 그에 따라 앞으로 성도들이 부딪혀야 할 전쟁이 어떠한 특징을 가졌는지 미리 볼 수 있기 때문이다.

이 또한 하나님이 우리에게 주시는 매우 중요한 메시지 중 하나다.

일곱교회가 있던 '아시아'라는 말은 '동쪽'을 의미하는 아시리아어에서 따왔다는 설이 있다. 터키의 옛 지명인 '아나톨리아'가 그리스어로 '해가 솟는 곳'이라는 뜻이라는 것을 감안하면 '아시아'는 고대 로마에서 '동쪽의 해가 솟는 곳'이라는 의미가 있었던 것 같다.

현상적으로는 로마에 속한 지역이며 따라서 로마령이 적용되었던 지역이고 이는 일곱교회가 신앙을 지키는 데 있어 매우 어려운 요소였다.

로마의 정치적인 세력은 그리스도인들을 신앙으로 인해 처형할 정도로 매우 싫어했다. 로마의 권력은 황제에게 집중되어야 했기 때문이다.

로마는 거대한 몸뚱아리였다. 다니엘서에 나왔던 네 번째 동물이 예시적으로 보여줬던 것처럼 로마는 철과 같은 강력한 권력을 자랑하는 나라였다.

세계의 다양한 민족들이 통합되어야 했던 로마 제국은 자신의 몸을 지키기 위해서는 사람들을 강력하게 집중시킬 수 있는 권력이 필요했다.

그것이 바로 황제 숭배였다.

로마는 다양한 민족을 어떻게든 로마의 깃발 아래 묶어 놔야 했다. 당시 민중들에게 종교는 매우 강력한 권력을 행사하고 있었다. 과학이 발달하지 않았던 고대에서는 일식이나 월식 같은 자연 현상들에 의해 민중의 마음이 움직이곤 했다.

이를 이용한 종교의 우두머리들은 왕권과 권력을 겨룰 수 있었고 로마 또한 이를 모르지 않았다. 왕권과 신권을 하나로 통합하는 방법을 택한 것이다. 이러한 정책은 로마뿐 아니라 페르시아나 이집트, 중국에서도 행해졌던 것으로 다양한 민족을 한 나라의 경계 안에 통합하는 방식이었다. 그 때문에 로마의 황제 숭배는 곧바로 실질적인 정치적인 법안으로 책정되었다.

이러한 상황에서 그리스도인들의 신앙은 로마의 정책과 정면으로 충돌하는 신념이었다. 또한 그리스도인들의 신앙은 단지 그들끼리만 믿는 것을 넘어서서 다른 민족에게 그 신념을 전파하려는 것을 목표로 삼고 있었다. 이는 로마의 정책에 아예 반기를 드는 일로써 대놓고 전쟁을 선포한 것이나 다름없었다.

　오래전 그리스도인들이 처해 있던 상황은 지금의 특정 지역의 상황과 비슷하기도 하다. 이슬람권, 중국, 북한 등의 나라는 정책적으로 기독교의 포교를 금지할 뿐 아니라 믿을 경우 사형에 처하기도 하고 감옥에 가두거나 사회에서 완전히 고립시키기도 하며 가족의 일원으로 인정하지 않기도 한다. 이런 현상이 무섭게 느껴지지만, 이는 당연한 것이다.

　예수님은 미리 말씀하셨고 이러한 배경을 통해 다시 한번 강조하시는 것뿐이다.

　세상은 어둠의 악한 영, 거짓말하는 영에 속해 있고 따라서 '예수 그리스도'라는 유일한 빛과 진리를 반대할 수밖에 없다. 로마의 속령이었던 '아시아'에 일곱교회가 있다는 것은 앞으로도 성도들이 헤쳐나가야 할 현상적이고도 현실적인 배경이 이러하다는 것을 보여주는 예시적인 메시지인 것이다.

에스겔 성전

　그렇다면 왜 예수님은 하필 아시아에 있는 교회들에게 서신을 주셔야 했을까. 교회는 유대에도 있었고 로마에도 있었지만, 그분은 요한에게 특별히 아시아에 있는 교회들에 편지를 쓰라고 명령하신다.

위에서 설명한 지리적, 정치적 기반을 가져와 다시 '아시아'라는 이름으로 돌아가 살펴보도록 하자. 아시아, 아나톨리아가 가지는 이름의 뜻-동쪽, 해가 솟는 곳-을 볼 때 '아시아'는 영적으로 성경에서 말하는 '동방', '동쪽'과 연관된 것 같다는 생각이 들었다.

성경에서 '동쪽', '동방'은 매우 중요한 의미를 지니고 있다. 동쪽은 <u>이방인들이 살고 있는 곳이지만</u>(사 2:6), <u>하나님이 백성을 불러 모으시는 곳이기도 하다</u>(사 43:5). 이스라엘 백성이 진을 친 동쪽에는 <u>유다 지파의 진이 있었고</u>(민 2:3), 동방에서 <u>여호와를 영화롭게</u> 하였다고도 하며(사 24:15), 예수님을 제일 먼저 경배하러 온 사람들은 다름 아닌 동방에서 왔다.(마 2:1) 하나님이 <u>예수님을 일으키시는 곳</u>도 동방이다(사 41:2).

특히 에스겔서에서 나오는 '동편'은 매우 특별한데 에스겔은 하나님이 그에게 보여주시는 환상의 성전을 이렇게 묘사한다.

…그가 내게 이르시되 이 물이 **동쪽으로** 향하여 흘러 **아라바**로 내려가서 바다에 이르리니 이 흘러 내리는 물로 그 바다의 물이 되살아나리라

이 강물이 이르는 곳마다 번성하는 모든 생물이 살고 또 고기가 심히 많으리니 이 물이 흘러 들어가므로 바닷물이 되살아나겠고 이 강이 이르는 각

처에 모든 것이 살 것이며

또 이 강 가에 **어부가 설 것**이니 엔게디에서부터 에네글라임까지 그물 치는 곳이 될 것이라··· (겔 47:8~10)

에스겔은 하나님이 보여주시는 환상 속에서 성전을 보게 된다. 그는 바벨론의 포로가 되었으나 환상 중에 이스라엘 땅으로 가게 되고 또 그 땅에 있는 지극히 높은 산에 이른다.

이는 에스겔이 현상적으로 바벨론이라는 제국에 포로로 살고 있으나 영적으로는 하나님의 교회인 이스라엘에 속한 자라는 것을 뜻한다. 지극히 높은 산에 있었다는 것은 그가 교회의 중심인 예수 그리스도에게 속한 사람이라는 것을 의미한다. 이것은 세상 가운데 있는 이스라엘 그리고 이스라엘 가운데 있는 성전이 예표하고 있는 바와 같은 맥락이다.

에스겔의 이러한 상황은 요한이 계시록을 썼을 때의 상황과 거의 비슷했다. 요한 또한 육체는 로마의 속국에서 살다가 로마에 의하여 감옥에 갇혔지만, 영적으로는 하나님의 교회에 속하였고 더 깊이는 예수 그리스도께 속한 사람인 것과 같다.

하나님이 모든 땅에서 이스라엘을 택하시고 그 안에 성읍을 두시고 그 안에 성전을 만드시고 그 안에 성소를 두시고 그 안에 지성소를 두시는 방식은 모든 땅의 족속들 중 이스라엘 민족을 택하시고 그중 유다를 택하시고 그중 다윗을 택하시며 그 중 예수 그리스도를 나게 하시는 방식과 똑 닮아 있다. 앞으로 이러한 줌인(zoom in) 기법을 잘 기억해 두면 계시록을 이해하는 데 더 도움이 될 듯하다.

다시 에스겔의 환상으로 돌아가면, 이는 세상(바벨론)속의 하나님의 교회(이스라엘), 그 중심인 예수 그리스도의 몸인 성전을(지극히 높은 산- 왕하 19:31), 그중에서도 성소에 속하는 예수 그리스도를 비유적으로 보여준 것이라고 할 수 있다(이에 관한 부분은 다른 시리즈에서 더 자세히 다루기로 한다). 성전을 측량하는 곳에는 놋과 같은 사람이 있는데 그는 교회의 주인 되신 예수 그리스도를 의미하는 게 분명하다.

그가 측량줄을 가지고 제일 먼저 이른 성전의 부분은 동향한 문이다(겔 40:6). 하나님의 영광 즉, 예수님이 들어오는 곳이다. 그 영광은 동편에서부터 온다고 기록되어 있다(겔 43:2).

이로 인하여 성전에 여호와의 영광이 가득하다고 하는데 하나님은 에스겔이 본 성전을 두고 '내 보좌의 처소, 내 발을 두는 처소, 내가 이스라엘 족속 가운데 영원히 거할 처소'라고 말씀하신다.

성전은 예수 그리스도 자체를 뜻한다. 그분의 몸을 상징하기도 하는데 그 몸은 바로 교회다. 하나님이 에스겔에게 말씀하신 '영원한 처소'는 훗날 영원한 나라가 세워진 뒤 볼 수도 있지만 먼저는 예수 그리스도의 피로 산 바 된 우리 안에 세워진 곳이다.

바울은 우리의 몸을 성령의 전이라고 강조했다. 이러한 비유적인 모습이 에스겔서의 성전 환상이 아니었을까.

이 해석이 가능하다고 추측한 것은 에스겔의 환상에 나오는 성전이 아직 실제로 세워지지 않았다는 것과 환상에 나오는 성전뿐 아니라 실제 세워진 모든 성전이 새 언약을 우리 안에서 성취하실 예수 그리스도에 대한 복음의 설계도였기 때문이다.

이로 볼 때 하나님의 영광이 동쪽에서 들어오는 성전의 환상은 예수 그리스도(예수님은 그 자체로 하나님의 영광이다)를 통해 우리가 하나님의 성전이 되고 교회가 된다는 것을 의미한다고도 볼 수 있을 것이다.

그렇다면 위와 같은 구절들을 종합하여 알 수 있는 사실은 '동쪽'의 영적인 의미가 하나님의 영광이 오는 방향을 상징한다는 게 거의 확실하다는 점이다. 만약 성경의 어떤 부분 즉, 이와 같은 환상의 구절 같은 곳에서 '동쪽에서'라고 하면 영적으로 '예수님에게서부터'라고 해석할 수 있다는 것이다. 하나님의 영광이 곧 예수 그리스도이기 때문이다.

위 성경 구절에서 에스겔이 완전히 잠기는 물이 동방에서부터 흘러 아라바로 이른다고 되어 있다. 동방에서 흐른 물이 '아라바'-KJV는 이를 '사막', 'dessert'라고 표현한다-로 흐른다고 했는데 이는 예수님께로부터 난 생명의 강이 영적으로 사막과 같이 영혼이 메마른 백성을 향해 흐르는 영적인 흐름을 비유하는 것 같다.

여기서 강은 두 가지 의미로 해석될 수 있다. 하나는 영적으로 우리의 배에서 흘러나올 생수의 강과 같이 '우리'라는 움직이는 성전을 통해 목마른 영혼들에게 그분의 생명을 전하게 하는 예수님의 지상 명령이 세상에 나타나는 모습이라고 할 수 있다.

또 하나는 강물이 현상적으로 '문화의 흐름'일 가능성이다. 실제로 '강'은 문화가 발생했던 중요한 지리였다. 모든 문명의 발생지가 강이었다.

물은 생명을 일궈낼 수 있는 역할을 하기에 사람들은 그 주위에서 살 수밖에 없었다. 하나님은 그분의 선지자 특히 세상의 문명을 다루는 다니엘의 환상 속에서도 환상을 보는 지점으로 '강가'를 자주 사용하신다.

그만큼 강이 사람의 문화를 형성하는 데 중요하다는 것과 이것이 복음의 전파에 있어 얼마나 중요한 역할을 하는지 주님이 아신다는 것을 의미한다.

그렇다면 성전의 환상에서 나온 물은 예수님에게부터 난 생명의 물이지만 이 물이 강을 이룬다는 것은 그만큼 거대한 문화를 형성한다는 것도 짐작할 수 있다.

아이러니하게도 예수 그리스도의 '문화'는 정작 이스라엘에서부터 시작되지 않았다. 신약 성경도 히브리어가 아닌 헬라어가 원문인 데다 예수 그리스도를 전파하는 복음의 문화가 꽃이 핀 곳은 유대가 아닌 이방이었다. 이러한 현상은 성경의 동방이 뜻하는 또 다른 의미와 맞아떨어진다.

바로 '이방'이라고 할 수 있다.

시작은 이스라엘이었지만 동방에서 즉, 이방에서 흥한 기독교는 하나님의 문화가 되고 패러다임이 되어 바닷물과 같은 로마 제국 전체를 바꾸고 나아가 전 세계의 역사를 바꾸는 중요한 요인이 되고 만다.

이러한 문화의 흐름을 따라 유대인이 아닌 수많은 이방인 성자들이(어부들) 탄생하고 교회가 번성하며 2000년 이상의 명맥을 이어오고 있음을 볼 때 위의 구절들은 어쩌면 예수 그리스도의 교회가 이방의 문명을 통해 흥하는 모습을 상징하는 것이라고 볼 수 있을지도 모른다.

로마 제국의 많은 속령 가운데 특히 '아시아'에 있는 교회들에 서신을 보낸 것은 앞으로 널리 널리 퍼지게 될 복음의 영적인 흐름에 대한 예언을 반영한 것이 아닐까 한다.

영적으로는 예수님으로부터 흐르는 복음의 방향, 지리적으로는 이스라엘이 아닌 이방에서부터 나오는 복음의 전파를 상징하는 성경적 의미가 '아시아'라는 지역이 가지는 예시적인 메시지라고 볼 수 있을 것 같다.

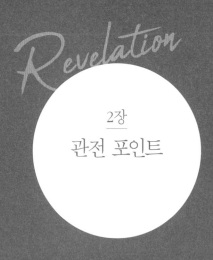

Revelation

2장
관전 포인트

예수그리스도의 계시라 계1:1

시간은 그처럼 너무 커서
안 보이는 것을 작게 줄여
볼 수 있게 해주는 렌즈와 같다네

달라스 월라드 – 〈하나님의 모략〉 중에서

사자들-αττελος

요한 계시록을 보는 데 있어 가장 중요한 관점 중 하나는 하나님이 그분의 계시를 흐르게 하는 순서와 지점이다. 이에 대하여 계시록 1장 1절은 정확하게 명시한다.

'예수 그리스도의 계시라 이는 하나님이 그에게 주사 반드시 속히 될 일을 그 종들에게 보이시려고 그 천사를 요한에게 보내어 지시하신 것이라'

우선 계시가 무엇인지를 간단하게 보자면 아래와 같다.

계시는 예수님에 의한(by)
　　　예수님에 대한(about)
　　　예수님에게 속한(belong) 것이다.

이러한 계시의 속성은 읽는 자가 반드시 인지해야 할 중요한 포인트다. 계시는 오로지 하나님이 예수님에게 맡기신 것으로서 그분의 것이며, 계시는 예수 그리스도에 관하여 설명한 것이고, 오로지 예수님에 의해 기록된 것으로서 계시의 처음과 과정과 끝은 모두 예수 그리스도로만 설명되어야 한다. 이에서 빼거나 더하는 것은 명백히 잘못된 것일 뿐 아니라 하나님이 엄중히 심판하실 수 있는 부분이다(계 22:18~19).

이러한 계시는 본 출처가 하나님이고
　　　　하나님이 예수님에게 맡기셨으며
　　　　이 계시를 천사를 통하여
　　　　요한에게 지시하시고
　　　　이는 요한을 통해 교회의 종들에게 전달된다.

계시는 하나님→예수님→천사→요한→종들의 순서로 진행된다.

순서를 보면 예수님이 천사에게 천사가 다시 요한에게 그리고 요한이 계시를 전달하는 대상은 종들이어야 마땅하다.

하지만 요한이 쓴 서신의 수신자는 '천사'라는 뜻의 'ἄγγελος'로 되어 있다. 그렇다면 하나님이 순서를 뒤죽박죽하게 말씀하셨다는 뜻인가?

그것도 가장 첫 구절에? 그럴 리가 없다.

그렇다면 요한이 말하는 천사 곧 사자는 요한에게 계시를 전달한 천사가 아니라는 뜻이다. 천사이기는 하되 다른 역할의 천사를 의미한다는 것을 알 수 있다. 그리고 요한이 서신을 전달해야 할 대상은 다름 아닌 종들이며 그 종들이 예수님이 말씀하시는 다른 역할의 '천사'라는 결론을 내릴 수밖에 없다.

결국, 이 말씀은 예수님으로부터 계시를 받은 천사를 위한 말씀이 아니라 교회의 생존을 위한 말씀이기 때문이다. 또한 계시라는 엄청난 하늘의 메시지를 전달하는 데 있어 교회의 사도인 요한보다 종들에게 먼저 전달할 리도 없거니와 만일 그렇다면 요한을 통해 서신을 보내게 하지도 않았을 것이다.

계시록에서는 '사자' 곧 'ἄγγελος'라고 표현하는 수많은 천사를 볼 수 있다. 'ἄγγελος'(angelos, 앙겔로스: angel, 천사, 사자)의 원뜻은 '보내심을 받은 자'로서 사단의 가시-사단의 사자(고후 12:7)에서도 이 단어를 쓰고 하나님이 보낸 종들을 설명할 때도 이 단어를 쓰며 우리가 생각하는 하나님의 부리시는 영을 이 단어로도 표현한다.

천사는 곧 **'누군가로부터 보냄을 받은 어떤 존재'**를 나타낼 때 사용한다는 것을 알 수 있다.

이렇게 성경 안에서 쓰는 단어의 용도를 볼 때 일곱교회에서 사자라고 하는 사람들은 우리가 볼 수 없는 천사가 아니라 실제로 그곳에서 일하는 하나님의 종들, 교회를 통솔하는 예수님의 증거를 가진 종들이라는 것을 알 수 있다.

'사자들'이 요한이 계시를 전달한 종들인 또 다른 이유는 예수님이 1장에서 그의 오른손에 든 일곱 별들이 일곱교회의 사자들이라고 표현하신 데 있다.

그가 도우시는 존재는 천사도 이 세상 어떠한 피조물도 아닌 사람이 있는 교회며 그가 오른손에 붙잡고 있는 존재 또한 사람이어야 한다. 오직 사람만이 할 수 있는 싸움이고 사람만이 지날 수 있는 고통과 순종의 길이 서신에 있으며 그 길에서 오직 사람만이 예수님과 동행할 수 있기 때문이다.

그러므로 서신의 천사들은 요한을 통해 서신을 받아야 할 일곱교회의 종들이라는 결론을 내릴 수밖에 없다. 여기에서 더 정확하게 봐야 할 사실은 서신이 교회 전체가 아닌 먼저 교회를 통괄하는 종들에게 보내는 메시지라는 점이다.

이는 매우 중요한 개념이다. 교회가 이기거나 망하는 가장 중요한 요인이 교회에 세우신 종들이라고 못 박으신 것이다. 이것은 교회가 세상과의 싸움에서 이기게 하시려는 가장 큰 하나님의 모략이다.

종들의 순종을 통해 교회가 살기도 하고 종들의 불순종을 통해 교회가 망하기도 한다. 이것을 하나님의 모략이라고 하는 이유는 그리스도인들이 살아가는 삶 자체가 전쟁이기 때문이다.

바벨론에 있었던 다니엘, 에스겔, 페르시아 제국에 있었던 느헤미야나 에스더, 모르드게, 이집트에 있던 요셉과 노예였던 이스라엘 백성들, 로마 제국의 핍박을 받았던 그리스도인들, 중세 가톨릭이 핍박하던 진정한 믿음의 사람들은 모두 영적인 전쟁을 치렀던 사람들이었다.

그들은 모두 하나님의 모략이었고 그들을 통해 교회의 명맥을 이어올 수 있었다.

전쟁은 우두머리의 지략과 끈기와 인내 그리고 책임감에 따라 승패가 갈린다. 세상의 거의 모든 전쟁이 장군의 역할로 인해 전쟁의 승패를 결정하는 예가 너무나 많다. 그 때문에 교회의 구성원 중 가장 치열하게 전쟁을 해야 하는 전방의 사람들은 다름 아닌 종들이었다.

모세, 엘리야, 아론, 다윗 등 그들의 순종이 교회를 상징하는 이스라엘을 살리고 그들로 하여금 순종하게 했다.

반대로 지도자의 불순종은 교회전체를 패배하게 만들수 있다.

히스기야 때에는 백성이 하나님을 섬겼으나 아합 때에는 백성이 바알을 섬긴 이치와 같다. 그만큼 지도자들의 역할은 매우 중요하다.

이러한 모략은 세상에서도 적용된다. 유비의 장군들이었던 관우, 장비가 만약 제갈공명의 계략에 따라 움직이지 않았다면 유비는 절대 나라를 얻지 못했을 것이다. 하나님의 말씀은 제갈공명이 미리 앞을 내다보고 판단한 것과 같은 일종의 모략이며 장군은 하나님의 지략과 명령에 따라 움직여야만 이길 수 있다.

교회의 존망은 보이지 않는 영적인 전쟁터에서 어떻게 하나님의 말씀

가운데 거하느냐에 달려있다. 하나님은 전쟁을 아시는 분으로서 교회를 통솔하는 장군격인 종들이 그분의 모략에 따라 움직여주기를 원하셨다. 그래야만 이길 수 있는 전쟁을 치를 수 있기 때문이다. 이 때문에 서신 말미에는 반드시 '이기는 자는…'이라는 말을 기록하셨다.

사자는 이와 같이 역사 말미에 선 교회의 승패를 가르는 가장 중요한 요인이었다.

과거에도 지금도 미래에도 그들의 영적 싸움은 다른이들보다 훨씬 더 치열하고 훈련의 기간도 훨씬 길다. 영적 싸움이 치열하면 할수록 더욱 강해지며 어떻게 하면 승리하는 지를 배울 수 있기 때문이다. 이들의 중요성을 하나님도 아시지만, 적군인 사단도 알기에 예수님은 그들을 그분의 오른손에 붙잡아 두시고 강하게 훈련하셔서 교회를 이끌게 하신다.

예수님은 이러한 이유로 서신에서 그들을 단순히 종들로 표현하시기보다 '사자들'이라고 표현하신다. 이는 그 종들이 속한 영역을 분명히 하시는 동시에 그들을 반드시 승리하게 만드신다는 결의가 담겨있다.

비록 세상에서는 핍박을 받으며 고난을 당하고 실수도 하지만 그들은 하늘나라에서 보냄을 받은 신분의 사람들이다. 스스로 자신들이 가진 하늘나라의 신분을 망각하지 말라는 일깨움이기도 하다.

그들이 받는 고난은 사단에게 매번 패하는 증거가 아니라 사실상 그들의 믿음이 자라는 영적인 거름일 뿐임을 보여주시는 것이다. 오직 승리를 믿는 자만이 포기하지 않고 그분의 손안에서 버티는 믿음을 쟁취하는 과정은 마치 예수님이 하나님의 아들이셨으나 고난을 통하여 그의 능력을 인정받으신 것과 같은 이치다.

또한 서신 내 다른 종들과의 구별성 때문에 예수님은 그들을 사자라고 칭하신다.

발람의 교훈을 받아든 종들, 이세벨의 행음에 동참하는 다른 종류의 종들이 서신 내에서 등장하기 때문이다. 사자들은 그 종들과 구별되어야 하며 예수님이 교회를 향하여 하시는 말씀을 정확히 분별하여 들어야 했다. 그래야만 사자들이 다시 교회를 향하여 말할 때 정확하게 전달할 수 있기 때문이다.

결론적으로 '사자'는 예수님의 능력에 붙잡힌 바 되어 결코 패하지 않을 것이다. 하지만 만일 그 말씀에 불순종한다면 하나님의 모략은 다른 사람에게 적용되어 교회는 살지라도 사자였던 종은 망하게 될 것이다. 그가 자신의 신분을 망각하지 않고 예수님의 모략에 순응하며 하늘의 영광을 믿는다면 그는 고난을 견디는 인내로 승리하게 될 것이다.

참으로 놀라운 것은 치열하고 어두운 영적인 전쟁 속에서도 하나님의 택하심과 종들의 선택이 조화롭게 어우러지는 아름다운 구원이 일어난다는 하나님의 메시지가 '사자'라는 단어 안에 존재한다는 사실이다.

이 때문에 진정한 종들 곧 '사자'들은 그들에게 닥칠 고난을 다만 두려워할 것이 아니라 오히려 예수 그리스도 함께 하는 시간을 기쁨으로 누려야 할 것이다.

환상의 장소들과 화자의 중요성

계시록은 총 네 번, 요한이 환상을 보는 장소가 바뀐다고 기록한다. 요한이 환상 속에서 본 곳은 이보다 훨씬 많지만 내 말은 요한이 '본 것을' 보는 '장소'가 바뀐다는 뜻이다. 계시록에서 성령의 감동 하에 '~로 갔다'는 말은 네 번밖에 나오지 않는다. 정리해보면,

1. 밧모섬(1장~3장)-밧모섬이라 하는 곳에 있었더니
2. 천상(4장~16장)-이리로 올라오라
3. 광야(17장~21:9)-성령으로 나를 데리고 광야로…
4. 크고 높은 산(21:10~22장)-성령으로 나를 데리고 크고 높은 산으로… 이다.

1, 2번의 밧모섬과 천상에서 환상을 보여주는 존재는 예수님(요한의 뒤에서 나는 나팔소리 같은 음성의 주인공)이며 3, 4번은 대접 재앙의 대접을 가졌던 천사 중 한 명을 통해 환상을 보게 된다.

앞으로 계시록의 많은 것을 살펴보는데 앞서 이 두 가지 요인-환상을 보는 장소와 환상을 보여주는 존재-은 매우 중요하다. 마치 게임을 하기 전에 게임이 어떤 배경에서 일어나는 것인지 아는 것과 같다.

예를 들어, 부루마블 게임을 하기 전에 부루마블이 어떤 배경에서 하는 게임인지 기억하는 것과 마찬가지다.

대부분의 묵시적인 성경의 책들, 다니엘서, 이사야서, 예레미야서, 에스겔서 등을 살펴보면 하나님은 단 한 번도 그들에게 그냥 환상을 보여주셨다고 하시지 않는다. 저자들은 하나님이 어디서, 어떻게, 누가 보여주셨더라 하는 말을 반드시 기록한다.

침상에서 보았다든지, 을래 강가에서 보았다든지, 지극히 높은 산에서 보았다든지 하는 구체적인 배경을 적고, 거기에 있을 때 환상에서 어디로 이동했는지를 이야기한다.

각 환상마다 예수님을 암시하는 자가 등장해서 환상을 보여주지만 예수님의 모습은 매우 다양하다. 어떤 때는 놋쇠 같은 존재로 어떤 때는 흰 옷을 입은 인자로 나타나기도 한다.

이와같이 하나님이 다른 모습과 다른 장소에서 선지자들에게 환상을 보여주시는 이유는 그분이 말씀하시는 메시지의 기본적인 배경을 제공하시기 위해서다.

똑같은 미래의 일 같아 보여도 선지자들이 어디에서, 어떻게, 누구에 의해 보고 있느냐에 따라 진실을 보는 부분이 달라진다.

이는 명확한 것이다.

왜냐면 하나님이 말씀하시는 진리는 너무나 커서 우리는 마치 장님이 코끼리를 더듬는 것과 같이 진리를 볼 수밖에 없기 때문이다. 하나님은 전체를 볼 수 있지만 우리는 우리의 우둔함 때문에 스스로가 생각하는 프레임에만 맞춰 하나님의 메시지를 오해하거나 이해하지 못한다.

이러한 이유로 그때마다 하나님은 모든 메시지를 육하원칙에 맞춰 이야기하신다. 사실 이렇게 말씀하셨어도 진리의 작은 한 덩어리조차 매우 커서 이해하기가 힘들지만 말이다.

그럼에도 최소한 육하원칙은 하나님이 말씀하시는 진리의 부분이 무엇인지는 가늠할 수 있게 만들 것이다.

아무리 지루한 성경의 말씀도 그것이 하나님이 뒤에 하시는 이야기의 중요한 복선 중 하나가 될 수 있다. 마태복음에 제일 먼저 등장하는 예수님의 계보도 하나님이 후에 하실 이야기의 밑바탕인 것과 마찬가지다.

예수님이 환상 가운데서 무슨 옷을 입었는지 별로 중요하지 않을 것 같지만 그것은 매우 중요하다. 그가 입은 옷의 모양 혹은 색에 따라 그 말씀이 심판에 관한 말씀인지, 세상에 관한 말씀인지, 교회에 관한 말씀인지, 위로의 말씀인지, 책망의 말씀인지가 나타나기 때문이다.

말씀의 목적 자체를 그의 모습을 통해 나타내시며 그가 선지자들에게 보여주시는 장소에 따라 이와 같이 메시지의 향방 즉, 목적을 정하시는 것이다. 이것을 먼저 파악하지 않으면 그분이 하시는 말씀의 요지를 이해할 수 없을 것이다.

만일 결혼식에 와서 주례해야 하는 사람이 장례식에서나 해야 할 말을 한다면 정말 우스운 일이 벌어질 것이다. 결혼하는 사람들은 반드시 주례하는 지인에게 '우리가 결혼 하니 결혼에 맞는 말씀을 부탁드려요' 하는 것처럼 모든 이야기에는 목적이 있고 배경이 있으며 그 이야기에 걸맞는 화자의 자격까지 갖춰져야 한다. 주례를 서는 사람이 만약 두 사람이 전혀 알지 못하는 사람인 데다 그저 지나가는 사람이 한다면 그처럼 황당한 일은 없을 것이다.

그러므로 메시지의 화자가 그에 걸맞는 모습으로 나타나야 하는 것도, 환상을 보는 배경도, 심지어 환상을 보는 자의 자격과 상황까지도 하나님의 메시지를 보는 중요한 프레임이자 망원경이자 망원경의 삼각대와 같은 것임을 알아야 한다.

그래서 요한이 보았던 환상의 장소는 아주 중요하다. 그가 만약 땅에서 보았다면 하나님이 주시는 메시지의 기본 배경은 이러할 것이다.

1. 환상은 땅에 있는 사람들에게 땅에서 일어나는 일을 알려주기 위해서다.
2. 땅에 있는 사람들 중 요한과 같이 하나님의 말씀으로 인해 고난받는 형제들에게 알려주기 위한 것이다.

요한이라는 존재는 하나님의 메시지를 위한 일종의 프레임, 프리즘 혹은 망원경이나 영화의 주인공 같은 사람이다. 우리가 누군가에게 이야기를 하는 데 있어 우리 스스로도 언제 어디서 누가 어떻게 살았더라고 설명한다. 이러한 설명이 없으면 상대방이 이해하지 못할 것이기 때문이다.

마찬가지로 하나님은 요한이라는 인생을 통하여 우리에게 말씀하신다.

쉽게 풀어보자면,

'요한은 하늘의 사람이지만 죽음 전까지는 땅에서 살아야 한단다. 그런데 그가 유배지에 갇히게 되지. 하지만 요한은 땅에서 도울 예수님 때문에 승리할 수 있어. 그게 그의 마지막이란다. 그렇게 살아야 하는 사람들이 바로 너희 교회란다.'

요한의 위치는 곧 교회의 위치라고 할 수 있다. 그에게 보여주시는 환상이 땅에서 본 것이라면 핍박받고 있는 '땅의 교회'가 어떻게 하면 이 모든 '땅의' 상황을 헤쳐나갈 수 있는지에 대하여 본 것이라고 할 수 있다.

요한은 하늘나라에서는 영원한 영광으로 살아갈 사람이다. 하지만 그 전까지 땅에서는 그저 유배지에 갇힌 죄인의 신분으로 살아야 한다.

이것이 교회를 향한 기본적인 메시지인 것이다.

이러한 상황에서 보는 환상은 성도가 살아야하는 땅의 비참한 상황에도 불구하고 하늘의 영광을 위해 참고 인내하며 승리하게 하기 위한 목적이 있다.

요한이 땅에 있었던 사람이고 땅의 교회에 속한 이로써 환상을 보았기 때문에 서신의 내용을 우리가 어떻게 받아들여야 할 지 더 쉽게 판단할 수 있는 것이다.

　다시 말하지만 성경에서 선지자들이 겪었던 모든 사건은 예지성을 띠고 있었다. 에스겔이 돌아눕지 못하고 동물의 변에 곡식을 구워 먹는 일이나, 이사야가 발가벗고 삼 년을 생활했던 것이나, 다니엘의 세 친구들이 풀무불 속에 갇혔던 사건들은 모두 앞으로의 일들을 예지하기 위한 사건들이었다.

　요한도 한 시대의 선지자이자 사도로서 그도 하나님의 살아있는 말씀과 예언의 일부가 될 수밖에 없었다.

　밧모섬, 유배지, 땅이라는 요한의 실제 상황과 또 환상 속의 장소가 그와 동일하다면 그와 일곱교회에 나타나신 예수님의 모습 또한 땅에서 교회를 섬길 사람들을 위한 말씀이라는 것을 알 수 있다. 이러한 기본적인 진리의 배경을 아는 것은 앞으로 등장할 다른 장소의 환상을 이해하는 것에도 도움이 될 것이다.

　또한 네 번 환상의 장소가 바뀐다고 하지만 어디까지나 요한의 실제 위치는 밧모섬이었다. 이것은 또 다른 의미를 지닌다.

　두 번째 천상, 세 번째 광야, 네 번째 크고 높은 산에서 영으로 환상을 본다고 할지라도 그 모든 환상 또한 이 세상에서 삶을 살아가고 있는 교회들에 주시는 메시지라는 점이다.

우리의 영은 하늘에 있고(천상), 세상에 있으나 훈련의 광야에 거하며(광야), 영적으로 서 있는 곳은 예수 그리스도(크고 높은 산) 안이지만 결국 이 글을 읽은 모든 성도는 땅에서 살아가고 있다. 결론적으로 이러한 진리는 성도가 죽기 전, 육체라는 땅의 성전에서 살아갈 때 접할 수 있고 깨달을 수 있다는 것을 기억해야 한다.

그러나 각기 다른 환상 속의 메시지는 우리의 육체가 통과해야 하는 일이 다르고, 땅에서 이뤄지는 일이 하늘과 어떻게 연관되는 지가 다르며, 훈련의 광야를 거치는 영적인 여정에 있을 때 하나님의 말씀이 다르고, 예수 그리스도께 속하여 영원한 소망을 기대하라는 그의 음성이 다를 수밖에 없다. 때문에 하나님은 환상의 시점을 이에 맞추어 달리하셔야 했다.

일곱교회의 이야기는 첫 번째 환상의 시점에서 전하고자 하시는 하나님의 말씀이다. 즉, 땅에서 살고 땅의 상황에서 대처해야 하는 방법을 알려주시는 말씀인 것이다. 교회에 속하고 속하고자 하는 모든 이들은 주님이 주시는 2장 3장의 교회들을 향한 말씀에 귀를 기울여야 할 것이다.

언제

앞서 살펴본 바와 같이 예언의 말씀을 듣는 모든 사람들은 그저 하나님의 말씀을 들었다고 하지 않는다. 하나님은 반드시 육하원칙을 적용하시는데 요한의 경우도 다르지 않다. 이제까지 '누가'(who), '어디서'(where)는 등장했다. 요한이 썼고, 예수님이 말씀하셨으며, 밧모섬이라는 곳에서 네 번의 환상의 시점에서 기록된 것이 계시록이다. 그다음 '언제'(when)가 중요한데 이는 명확하다.

그때는 '**주의 날**'이다.

계시록은 '언제'라는 질문과 매우 깊은 연관성이 있는 책이다. 왜냐면 이 책의 목적 중 하나가 '반드시 속히 될 일'을 알리기 위해서이기 때문이다. 우리는 요한의 말 한 마디를 매우 깊이 새겨야 한다.

주의 날에 성령에 감동되어

요한이 정확한 날짜를 기록하지 않고 이렇게 언제라는 개념을 단순화한 것은 미래의 성도들이 하나님의 때를 함부로 재단하지 않게 하기 위해서다.

이는 요한을 통한 하나님의 뜻이었으며 요한도 이를 잘 알고 있었으리라 짐작한다. 앞으로 나오는 수많은 예언 -예언이라는 말 자체가 가지고 있는 시간의 개념은 우리가 상상할 수 없다- 은 오로지 하나님만이 정하신 그 날짜와 때에 이뤄지는 것이고 이는 예수님조차 알 수 없다고 말씀하신 부분이다.

다시 말하지만, 전쟁은 하나님 손에 있다. 전쟁하는 자가 가장 중요하게 생각해야 할 일급 비밀은 '언제 그 작전을 개시하느냐'다. 전쟁하는 자가 그것도 모르고 아무에게나 그 시점을 가르쳐준다면 그는 전쟁 자체를 아예 할 줄 모르는 사람일 것이다.

그 때문에 하나님은 계시록뿐만 아니라 모든 성도의 삶 가운데 일어나는 일들이 어떻게 일어날 것이라는 것만 가르쳐 주실 뿐 정확히 어떤 날짜에 그 사건이 일어날 거라고 말씀하시지 않는다. 그것은 우리의 영적인 전쟁에서 승리하게 하시려는 하나님의 가장 중요한 '작전'이기 때문이다.

'곧', '훗날' 혹은 '먼 미래에'라는 모호한 시점에 대해서만 얘기하시고 어떤 일이 일어날 것만 미리 암시하시는 이유는 앞으로 있을 고난이나 희망을 받아들이는 성도가 믿음으로 인생을 살아가길 원하시기 때문이다.

요한계시록도 마찬가지다. 앞으로 될 일은 반드시 속히 될 일이다. 속히, 곧 일어나지만, 시점은 알 수 없다. 성도가 승리하는 시점도 따라서 속히 일어나지만, 특별히 우리가 기대하고 바라는 날은 주의 날이 되어야 할 것이다.

주의 날은 여러 가지 의미를 포함한다.

이날은 사람이 어디에 속해 있느냐에 따라 속히 오기를 원하는 날이 될 수도 있고 절대 오지 않았으면 하는 날이 될 수도 있다. 예수 안에 거하여 스스로 거룩함 안에 있는 자들은 소망의 날이요 예수 밖에 거하여 스스로 더럽히고자 하는 자들에겐 멸망의 날이 될 것이다.

이는 주의 날이 바로 하나님이 임재하시는 날이기 때문이다. 그는 완전한 선이고 공의이며 그가 임하는 곳은 거룩함으로 소멸하는 불이 임하는 곳이다. 그의 거룩함에 맞지 않는 모든 존재는 사라지게 될 것이다.

이는 1+1=2인 것처럼 혹은 태양이 떠서 밤이 끝나는 것과 같은 자연스러운 현상이다. 그의 날은 자연적으로 모든 것을 드러나게 해서 반드시 되어야만 할 일이 그저 일어나게 되는 날이다. 그날이 주의 날이며 하나님은 이 '때'를 누구에게도 알려주시지 않는다.

우리가 그의 날을 재단할 수 없는 또 다른 이유는 그의 공간이 가지는 특별함 때문이다. 그가 존재하시는 공간(where)은 영원이라는 개념이 적용된다. 영원은 시간이 흐르지 않는 곳이며 따라서 우리가 생각하는 과거, 현재, 미래라는 시간의 개념은 그에겐 마치 움직이는 사진과도 같다.

지구는 태양이 뜨고 지는 시간의 개념이 적용되는 공간이고 인류는 그 안에서 살아가지만, 하나님은 그 안에도 역사하실 수 있고 벗어나서 시간을 보실 수도 있는 전지함을 가지고 있다.

그가 임하는 곳이 그의 때이며 그가 임재하는 자리가 영원이라는 시간의 개념이 적용되는 자리이기 때문에 만약 누군가가 하나님이 오시는 때를 알았다고 한다면 그는 거짓말하는 자다.

　왜냐하면 그는 땅에 있는 사람이기 때문에 하늘 위에 계시며 시간의 공간 너머에 계셔서 하나님 스스로의 의지로 행하시는 동선을 미리 알기란 불가능하기 때문이다. 사람이 하나님의 정확한 때를 알 수 있는 방법은 오로지 그 사람이 하나님이 되는 길 외에는 없다.

　우리가 만약 그분의 임재를 경험했다면 우리가 전혀 계획하지 않았던 시간에 오신 그분을 경험했다는 것을 의미한다. 그분의 임재는 오로지 그분의 의지로만 가능하다는 뜻이다. 영원에 있는 존재는 하나님이지 인간이 아니기 때문이다.

　그분은 그저 영원 속에서 존재하는 것을 넘어서서 영원을 창조하시고 시간을 창조하셔서 그것을 경영하시는 분이다. 우리의 의지나 힘으로 그가 오시는 것을 조종할 수 있거나 혹은 그분이 오실 미래에 대하여 알 수 있는 가능성은 0%다.

　그분이 우리의 시간대에 들어오시는 일이 있다면 그것은 영원의 공간에서 그분의 의지로 시간의 연대기 중 한 곳에 들어오시는 개념일 것이다. 따라서 예수님이 세상에서 나타나신 사건은 말할 수 없을 만큼 놀라운 일로서 그의 영원한 개념이 2000년 전이라는 세상의 시점에 그의 존재 자체가 파고들어와 세상에서 폭발했다는 것을 의미한다.

오래전 이스라엘 광야에 나타나셨던 하나님의 임재와 비교해 볼때 예수님이 당시 세상에 나타나신 모습은 우주에서 가장 겸허한 모습이라고 할 수 있다.

광야에 있던 이스라엘 백성에게 나타나신 하나님의 임재는 그야말로 불이었고 모든 이들이 떨 수밖에 없었다. 이는 당연한 현상이었다. 역사의 시점을 뚫고 온 우주의 근본이자 창조자이신 그분의 임재와 현현이 어떻게 아무렇지도 않을 수 있겠는가.

그러나 예수님은 우리를 위해 그 자신을 낮추고 우리를 위해 죽어 주셨으며 우리를 구해주셨다. 예수님을 본 것이 곧 하나님을 본 것이라고 할 수 있지만, 이 사건은 불 가운데를 걸으면서도 죽지 않는 기적을 맛본 것이라고 할 수 있을 것이다.

요한이 단순히 '주의 날'에 이 모든 것을 보았다고 말할 수밖에 없었던 것은 이러한 이유들 때문이다.

주의 날은 그저 그렇게 흘러가 문득 다가온 날이 아니다. 하나님이 영원히 인류의 역사 속으로 침투해 들어온 날이며 이는 하나님만이 가지고 계시는 정확한 시점이자 때다.

이 책을 읽는 모든 독자에게 이러한 하나님의 때에 관한 개념이 잘 박힌 못처럼 마음에 박히길 원한다. 앞으로도 사단은 하나님의 때에 관하여 사람들을 특히 성도들을 미혹하려 들기 때문이다.

우리는 '곧'이 언제인지 '주의 날'이 언제인지 '반드시 속히 될 그 날'이 언제인지 알지 못한다. 다만 한 가지 아는 것은 그때를 향한 우리의 소망을 견고히 붙잡고 있어야 한다는 사실이다. 이것이 성도의 의무이며 성도가 할 수 있는 유일한 일이다.

어떻게

이제는 요한이 '어떻게' 환상을 보았는가를 살펴보자. 방법은 하나다. 앞으로 보는 환상도 동일한 방법이 적용된다. 그것은

성령에 감동되는 것이다.

주의 날을 견딜 수 있는 힘은 오직 성령에 감동되는 것 외에는 없다.

우리가 할 수 없는 일을 하게 하시는 분은 성령님이시며 예수님이 하신 일보다 더 큰 일도 하실 수 있는 분이 성령님이시다. 가감 없는 진실을 볼 수 있게 하시는 분도, 하나님의 뜻과 마음을 알게 하시는 분도 오직 성령이시다.

그는 하나님과 함께하시는 분으로서 하나님의 의지와 뜻에 순종하시며 그에 따라 움직이는 하나님의 능력 그 자체다.

성도들이 요한이 받아들였던 이와 같은 방법을 알아야 하고 터득해야 하는 이유는 주의 날에 불로 소멸되지 않고 거룩함을 지켜 승리하기 위해서다. 사실 일곱교회에게 하시는 하나님의 메시지는 이거 하나면 충분하다.

주의 날에 성령에 감동되어라. 그러면 이길 수 있다.

성령이 교회들에게 하시는 말씀을 들을 수 있는 길도 주님이 오시는 나팔소리를 들을 수 있는 길도 오직 성령의 감동 하에 할 수 있는 일이다. 하나님은 요한이 환상을 보는 과정과 때를 통하여 우리에게 구체적인 행동 요령을 전달한다.

주의 날을 견디고 주의 날에서 살아가는 유일한 방법. 성령에 감동하여 하나님의 뜻을 알고 분별하라.

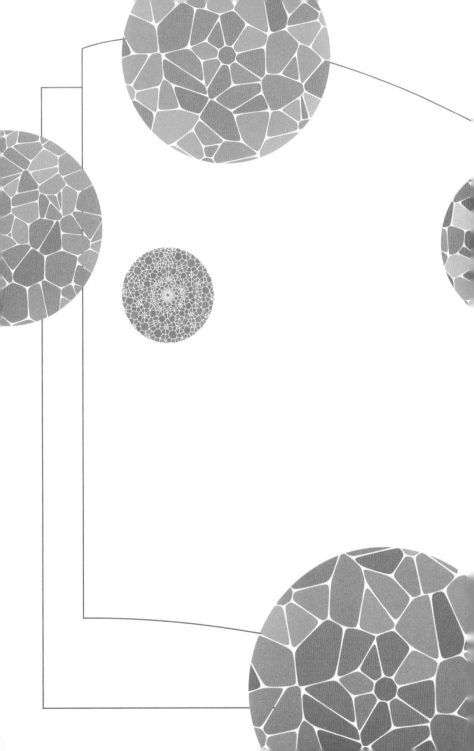

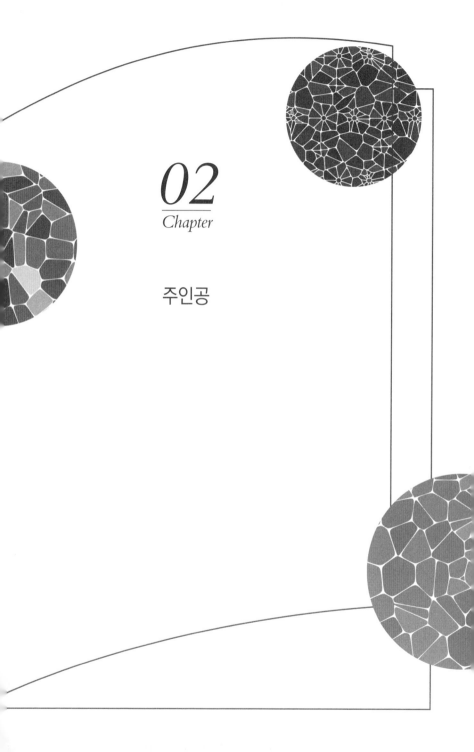

02
Chapter

주인공

Revelation

1장
나팔소리 같은
음성

**내 뒤에서 나는 나팔 소리 같은
큰 음성을 들으니** 계 1:10

슬프고 아프다 내 마음속이 아프고
내 마음이 답답하여 잠잠할 수 없으니
이는 나의 심령이 나팔 소리와
전쟁의 경보를 들음이로다

렘 4:19

✝ 예수님의 모습

요한은 나팔소리와 같은 음성을 듣고 뒤를 돌아 그가 누구인지를 확인하게 된다. 그가 뒤를 돌아보았을 때 요한은 반신반의했을 것이다. 그는 예수님을 만났던 자였고, 그와 함께 생활했으며 심지어 변화산에서 변모하신 예수님을 보았던 사람이었다.

그럼에도 불구하고 그는 자신의 눈앞에 나타나신 예수님이 정말 예수님인가 하는 것에 의구심이 들었을 것이다. 아니, 어쩌면 그가 전혀 누구인지 알아보지도 못했을 것이다. 예수님의 형상은 분명 그가 보았던 예수님의 생전의 모습과도, 변화산에서의 모습과도 달랐을 것이기 때문이다.

예수님의 음성, 그의 눈, 머리색, 옷, 발의 모양 등은 모두 땅에 사는 사람들에게 뭔가를 전달하시기 위한 '신의 모습'이었다. -전달(message delivery)은 예수님이 그러한 모습으로 나타나시는 목적 중 일부일 뿐이다. 예수님은 교회와 사자들에게 메시지를 전달하시는 것 외에도 다른 다양한 목적을 가지고 계시지만 여기에선 이것만 다루기로 한다- 요한이 아무리 사도라고는 하나 그는 예수님의 그런 모습이 매우 두렵고 떨렸을 것이다.

이 모습을 본 요한은 심지어 죽은 자 같이 되었다고 표현할 정도였다. 왜냐면 그도 불완전한 육체를 가진 사람이었으므로 강력한 권능으로 무장한 그분을 뵙고 두렵지 않기란 힘들었을 것이다. 요한이 그분을 보자마자 반갑고 즐거워서 '예수님!'이라고 외치지 못한 까닭이다.

그 당시 요한 앞에 나타나신 예수님은 십자가로 승리하시고 하나님의 우편에 앉아계신 분이셨다. 그 권능을 가지고 교회와 전지적으로 함께 하시며 그들을 지키실 뿐 아니라 세상을 심판할 수 있는 권세도 가지고 계신 분으로 나타나셔야 했다. 이 모습이야말로 당시 교회와 앞으로 나타날 교회에 가장 필요한 모습이었기 때문이었다.

그렇다면 땅에 있는 일곱교회에 필요했던 예수님의 모습은 어떤 의미를 지니고 있을까. 그분의 모습이 가지는 의미가 무엇인지는 앞으로 등장할 일곱교회를 통하여 더 설명할 것이지만 대략 풀어놓으려 한다.

예수님의 음성

요한이 보는 환상의 시작은 계 1:10절에서부터다. 그는 무언가를 보기 전에 먼저 어떤 음성을 듣는다. 그 음성은 마치 나팔소리 같다고 그는 설명한다. 그렇다면 나팔은 언제 어떠한 목적으로 불게 되는가. 성경은 나팔에 대하여 무엇이라고 말하는가.

성경에서 나팔은 우선 전쟁을 경고하기 위한 도구다. 굳이 성경을 보지 않아도 나팔의 이러한 역할은 대부분이 아는 사실이다. 특별히 성경에서의 전쟁은 하나님이 작정하시고 계획하신 전쟁과 환난에 관한 것이 많다. 이러한 사실을 알리시는 중요한 수단이 나팔이고 또한 그 나팔수는 하나님이 부르신 선지자들이었다.

그 때문에 하나님은 선지자들의 역할을 설명하실 때 그들을 나팔수라고 말씀하실 때가 많다. 마치 성벽에 서 있는 파수꾼이 성안의 사람들에게 적군이 올 것이라고 미리 경고하는 것처럼 선지자들 또한 앞으로 다가올 재앙이나 전쟁에 대해 경고하는 것이다. 따라서 나팔소리는 그 자체로 전쟁을 경고하는 선지자들의 소리라고 해도 과언이 아니다. 이것은 나팔소리가 가진 기본적인 상식이라고 할 수 있다.

나는 여기서 나오는 나팔소리의 의미를 대략 두 가지로 생각해 보았다. 첫째로, 나팔소리가 보여주는 중요한 의미는 두 가지의 전쟁이 세상에 있다는 점이다.

첫 번째 전쟁은 **성도들의 삶에서 일어나는 영적 전쟁**이다. 성도들은 영적인 전쟁터에서 싸우며 살아가고 죽는 날까지 싸우게 될 것이다. 이때 적의 세력이 오는 것을 알려주는 나팔은 영적으로 승리할 가능성을 높여준다.

두 번째 전쟁을 보자면 나팔소리, 특별히 예수님의 나팔소리는 한 개인을 위한 것이기도 하지만 **온 세상을 향한** 것이기도 하다. 지금의 세상이든 앞으로의 세상이든 모든 악한 영들의 세력은 하늘의 세력을 대적하기 위하여 일어날 것이다. 이는 커다란 개념의 영적인 전쟁이다. 그 세력의 욕망은 모든 세상을 장악하는데 있고, 그 일은 일어날 것이며 성도들은 그에 대비해야 한다.

언젠가 하늘의 세력은 예수 그리스도를 중심으로 나타나 악한 영들과의 전쟁에서 반드시 승리하게 될 것이다. 예수님의 나팔소리는 경고의 소리인 동시에 승리의 소리라고 할 수 있다.

나팔소리가 가지는 두 번째 의미를 보자. 우리는 계시록을 볼 때 계시록이 보여주는 예수님의 모습에 대해 자주 생각하고 연관 지어야 한다. 분명 요한이 쓴 계시는 예수 그리스도에 '관한', '의한', 예수 그리스도 '의' 계시다. 그 때문에 계시록에서는 예수님이 수없이 등장하지만, '예수님'이라는 단어를 잘 사용하지 않는다.

제일 첫 번째 구절, '예수 그리스도의 계시라'라는 말을 통해 이 모든 책에 있는 계시가 예수 그리스도의 것이라고 이미 선포 했으므로 또 다시 '예수님이 ~을 했다'라고 설명할 필요가 없기 때문이다. 하지만 밧모섬의 장에서 설명한 바와 같이 환상을 읽게 될 많은 성도들에게 자신의 구체적인 모습을 통해 그 상황에서 정말 알아야 할 진리, 또한 무엇을 해야 할지를 보여주시기 위해서이기도 하다.

마찬가지로 나팔소리라는 예수님의 음성 즉, 그분의 형상 중 일부도 이러한 목적을 가지고 있다. 성도들이 지나야 할 현재와 미래의 일들은 모두 전쟁의 성격을 띠고 있다는 것, 동시에 성도들은 예수님의 몸 된 교회로서 그분의 뜻을 따라 세상을 향한 **파수꾼의 역할**을 해야 한다는 것을 보여준다. 이것이 나팔소리가 가지는 두 번째 의미다.

다시 요약하자면 첫째는 우리가 지나야 할 삶의 개인적, 인류적 전쟁들이 있다는 것이요, 둘째는 전쟁을 지나야 하지만 세상에 있는 모든 이들에게 전쟁이 있을 것이라 경고하는 파수꾼으로서 예수님의 몸된 교회가 예수님의 명을 따라 사명을 다해야 한다는 점이다.

인자

요한이 환상을 본 순서는 이러하다.
음성을 듣고 → 일곱 금 촛대를 본 후 → 인자를 본다

환상의 시야는 점진적으로 진행되고 있다. 음성을 들었는데 뒤를 돌았다. 제일 먼저 그가 본 것은 일곱 금 촛대다. 그다음 촛대 사이를 거니는 인자를 보았다.

요한이 처음 '본 것'은 예수님이 아니었다. 일곱 금 촛대였다.

일곱 금 촛대가 교회를 상징하는 것을 보면(계 1:20) 이것은 요한의 영적인 위치를 나타내는 듯하다. 그가 하나님의 교회의 구성원인 이스라엘 사람이라는 점을 보여주었다는 뜻이다.

요한은 이스라엘인이었고 따라서 하나님의 교회라는 테두리 안에서 나고 자란 사람이었다. 그 때문에 환상에서 그가 먼저 봐야 할 것은 예수님이 아니라 일곱 금 촛대인 하나님의 교회여야 했다. 예수님 또한 이스라엘에서 나셨고 하나님의 교회에서 나셨기 때문이다. 요한이 이스라엘 사람이 아니었다면 그는 결코 예수님을 알아보지도 못했을 것이다.

그다음이 인자의 모습이라는 것은 우선 메시아이신 예수님이 사람이라는 것을 보여준다. 사람이기는 하되 예수님도 요한과 같이 이스라엘이라는 땅에서 나고 자란 '사람'이라는 것을 보여준다.

예수님이 인자로 이 세상에 오시기 전에도 예수님은 하늘에서 하나님의 교회와 함께하셨지만 그가 사람들의 눈에 나타난 시점은 이스라엘이라는 나라의 백성으로 나서서 공생애를 거치시고 십자가를 지신 그때였다. 요한이 일곱 금 촛대 다음으로 봤던 존재가 인자인 이유다.

다시 한번 강조하지만, 예수님은 인자 즉, 사람이시다. 이는 앞으로 계시록을 볼 때도 매우 중요한 개념이므로 잘 기억해 두어야 한다.

'인자'는 환상 속에서 나타나신 예수님의 전체적인 이미지다. 이는 참으로 땅에서 살아가고 있는 교회에 필요한 모습이었다. 그가 만약 피어오르는 연기나, 소나, 낙타나, 외계인 같은 모습으로 나타나셨다면 우리는 예수님을 만날 생각도 하지 않았을 것이다. 알아가기는커녕 우습게 여기거나 무서워했거나 무시했을지도 모른다.

하지만 그분은 우리에게 사람이라는 모습으로 오셨다.

이것은 땅에 있는 교회를 위한 가장 큰 배려였고 그분의 철저한 계획이기도 했으며 그렇게 다가오고 싶으셨던 예수님의 의지가 반영된 결과이기도 하다.

또한 구약의 예언이 이뤄진 일부분이다. 사실 메시아라는 개념 자체가 하나님이 인간으로 오신다는 약속이다. 이스라엘이 성경을 읽으면서 그토록 고대했던 꿈이었다. 모세와 같은 선지자를 주신다는 하나님의 약속은 반드시 사람이라는 형상으로 나타나야 했다.

하나님은 구약에서도 인자의 모습을 통하여 그의 백성들에게 나타나시기도 하셨다. 이스라엘이 인간으로 오는 메시야를 기다렸던 이유기도 하다. 그들이 성경에서 읽었던 '인자'가 곧 메시아라는 것을 인정했기 때문에 그들은 인간인 그리스도를 기다렸을 것이다.

구약에 기록되었던 인자의 모습은 계시록에 나타나는 예수님의 모습과 매우 흡사하다.

내가 또 밤 이상 중에 보았는데 **인자** 같은 이가 하늘 구름을 타고 와서 옛 적부터 항상 계신 자에게 나아와 그 앞에 인도되매(단 7:13)

인자와 같은 이가 있어 내 입술을 만진지라 내가 곧 입을 열어 내 앞에 섰는 자에게 말하여 가로되 내 주여 이 이상을 인하여 근심이 내게 더하므로 내가 힘이 없어졌나이다(단 10:16)

다니엘에게 나타났던 예수님은 요한에게 나타나셨던 모습과 매우 흡사했다. 구름을 타고 오는 모습이라든지 요한이 죽은 자와 같이 되었 다든지 하는 표현은 계시록에도 등장한다.

예수님은 또한 구약에 나타난 자신의 예언된 모습인 인자가 그분 자신 임을 스스로도 밝히셨다. 신약 성경 복음서를 보자.

또 **인자** 됨을 인하여 심판하는 권세를 주셨느니라(요 5:27)

여자가 가로되 메시아 곧 그리스도라 하는 이가 오실 줄을 내가 아노니 그 가 오시면 모든 것을 우리에게 고하시리이다 예수께서 이르시되 네게 말하 는 내가 그로라 하시니라(요 4:25~26)

이제는 자고 쉬라 보라 때가 가까웠으니 **인자**가 죄인의 손에 팔리우느니

라(마 26:45)

　이와 같이 '인자'는 구약이든 신약이든 그분의 형상을 뜻하며 반드시 그렇게 되어야만 했던 하나님의 약속에 대한 성취의 일부분이자 가장 중요한 모습이다. 이분은 분명 예수님이시고 교회를 주관하시고 세우시고 지키시는 하나님의 아들이시다.

Revelation

2장
Zoom in

촛대 사이에 인자같은 이가 발에 끌리는 옷을 입고
가슴에 금띠를 띠고 그 머리와 털의 희기가 양털같고
눈 같으며 그의 눈은 불꽃같고 그의 발은 풀무에 단련한
빛난 주석 같고 그의 음성은 많은 물 소리와 같으며
그 오른손에 일곱별이 있고 그 입에서 좌우에 날선 검이 나오고
그 얼굴은 해가 힘있게 비취는 것 같더라

계 1:13~16

† 입으신 옷

자, 이제부터 예수님의 모습은 카메라가 줌인하는 것처럼 더 자세히 묘사된다. 요한의 시선을 따라가 보자. 멀리서 보이던 촛대 사이를 거니는 분을 그는 이제 더 자세히 본다. 예수님은 인자의 모습인데 옷을 입고 있다. 그 옷은 발에 끌리는 옷이다. 또 가슴에 금띠를 띠고 있다.

우선 그분이 입고 있는 옷인 '발에 끌리는 옷'을 살펴보자. 요한은 '옷을 입다'라는 문장에서 동사 'ἐνδύω'(enduo)를 사용한다. ἐν-on과 δύνω-down의 합성어인 이 단어는 '위에서 내려 입다'는 뜻을 가지고 있다. '옷을 입다'에 해당하는 다른 단어 'περιβάλλω'(periballo)는 '둘러서 입다'로 'ἐνδύω'의 개념과 다르다. 'ἐνδύω'는 옷을 입는데 둘러서 입는 것 아니라 위에서 내려 입는 옷을 입을 때 쓰는 단어인 것이다.

이 단어가 사용된 성경의 다른 곳을 살펴보자. 마 22:11절에서 혼인 예복을 입지 않은 사람에 대하여 책망할 때, 막 1:6절의 세례요한이 낙타털 옷을 입었다고 할 때, 계 15:6절의 일곱 대접 재앙의 자격을 가진 일곱 천사가 입은 옷을 표현할 때, 계 19:14절 하늘의 군대가 희고 깨끗한 세마포 옷을 입었을 때 등이다. 이 구절들에서 보이는 옷의 공통점이 무엇인가. 예복은 결혼 예식에 오는 자격을, 낙타 털 옷은 선지자의 자격을, 일곱 대접 천사는 재앙을 내릴 수 있는 자격을, 희고 깨끗한 세마포 옷은 하늘 군대에 속한다는 자격의 옷을 위에서부터 내려 입었다는 것을 상징적으로 나타내고 있음을 알 수 있다.

물론 이러한 예들이 이 단어가 가지고 있는 모든 의미를 나타낸다고 할 수는 없지만, 능력에 따른 옷을 하사받거나 누군가가 입혀주는 모양새는 아무래도 'ἐνδύω'를 더 많이 쓰는 것으로 보인다. 어떠한 자격을 부여받는 일은 모름지기 위에서 아래로 진행되기 때문이다. 이러한 쓰임새를 볼 때 예수님이 지금 입으신 옷은 그 용도가 그분이 가진 자격 혹은 신분에 관한 것이어야 한다는 것을 알 수 있다.

또한 굳이 이 단어가 아니더라도 예수님이 그분의 교회에 어떠한 메시지를 전달하기 위해서는 그에 따른 권위가 있어야만 한다. 권위가 없이는 교회를 설득할 수도 명령을 내릴 수도 없기 때문이다.

교회는 언제나 세상의 권위에 둘러싸여 살고 있다. 세상의 왕이 가진 권세는 하나님의 권세보다 더 커 보일 때가 훨씬 많다.

따라서 교회의 머리로서 하나님의 아들로서 이 세상을 통치하시는 왕의 권세를 가지신 모습은 그분을 섬기는 자들에게 위로가 될 뿐 아니라 소망이 되기도 한다.

이러한 목적을 볼 때 그분이 입으신 옷은 분명 하나님으로부터 부여받은 권세를 상징하는 옷이라고 할 수밖에 없을 것이다.

요한은 특별히 그분의 옷 색에 관하여 언급하지 않는다. 단지 그의 옷이 발에 끌리는 옷이라고 할 뿐이다. 이것은 옷의 특징으로서 이 특징에 따라 옷이 가지는 권세가 어떠한 의미가 있는지 추측할 수 있을 것이다.

성경에서 발에 끌리는 옷을 입는 경우는 제사장과 왕의 경우다. 제사장은 제단에 올라갈 때 긴 옷을 입어야 했다(레 6:10, 출 39:22). 하체를 가리기 위한 용도이기도 하지만 제사장 옷은 아무나 입을 수 없었다. 레위 지파의 자손이어야 했고 또한 이는 하나님의 택하심에 따라 이뤄지는 것이다.

사무엘은 어려서부터 제사장으로서 세마포 에봇을 입었다는 기록이 있다(삼상 2:18). 사무엘은 매우 독특한 사사로서 이스라엘의 마지막 사사이자 왕이자 제사장이자 선지자였다. 그는 예수님을 예표하는 인물 중 한 명으로 삼직(왕, 제사장, 선지자)을 겸하는 이스라엘의 지도자였다.

메시아는 이러한 삼직을 겸하는 존재이며 교회의 머리로 나타나신다. 그분이 예수님이시다.

이로 볼 때 예수님이 입으신 발에 끌리는 옷은 하나님으로부터 부여받은 제사장, 왕, 선지자의 권세를 가지고 있음을 상징하는 것으로도 보인다.

발에 끌리는 옷이 제사장과 왕의 자격에 대하여는 나타낼 수 있으나 사실 선지자의 직분과 발에 끌리는 옷이 어떠한 연관성이 있는지는 잘 찾을 수가 없다. 그러나 확실한 것은 성경의 많은 구절에 예언된 메시아가 제사장, 왕, 선지자의 삼직을 겸하고 있다는 사실이다. 또한 나타나신 메시아가 예수 그리스도이므로 이 삼직을 따로 떼어 생각할 수는 없는 것도 분명하다.

어쨌든 그가 부여받은 세 가지의 직책은 하나님이 메시아 외에 그 누구에게도 주시지 않은 영원한 권세이기 때문이다(사무엘도 왕과 같은 권세를 가지긴 했으나 왕으로 기름 부음을 받은 것은 아니었다). 이것은 당시의 교회나 지금의 교회에 필요한 가장 중요한 모습이기도 하다.

따라서 발에 끌리는 옷에 대한 예수님의 삼직의 권세는 분명한 것으로 보인다.

가슴에 띤 금띠도 의복의 일부이므로 그의 직분을 나타낸다고 봐야 한다. 그런데 여기에서 사용된 단어 'μαστός'(mastos, 가슴)는 매우 독특한 뜻을 지니고 있다. 어쩌면 우리의 눈살을 찌푸리게 만들 수도 있는 단어다.

왜냐면 이것은 여인의 유방을 뜻하는 단어이기 때문이다.

고대 그리스에서 사용되었던 유방 모양의 컵이 'μαστός'로 불렸고 계시록에서도 딱 한 번 이 단어가 사용된다. 누가복음에서 사용된 두 가지 예는 이 단어를 '젖먹이다'라는 용도로 사용하고 있다.

여인의 젖가슴을 둘러싸고 있는 것이 금띠라는 것이다. 참으로 황당한 표현이 아닐 수가 없다. 왜 예수님이 두르신 금띠에 대하여 여인의 젖가슴을 둘러싸고 있다고 표현했을까? 이것이 정말 당황스럽기는 해도 실은 하나님의 약속을 그대로 나타내는 외모적 특징이다.

너희가 **젖을 빠는 것** 같이 그 위로하는 품에서 만족하겠고 **젖을 넉넉히 빤 것** 같이 그 영광의 풍성함으로 말미암아 즐거워하리라(사 66:11).

여호와께서 이와 같이 말씀하시되 보라 내가 그에게 평강을 강 같이, 그에게 뭇 나라의 영광을 넘치는 시내 같이 주리니 너희가 그 성읍의 젖을 빨 것이며 너희가 옆에 안기며 그 무릎에서 놀 것이라(사 66:12).

성경에서 '젖을 빤다'는 표현은 상당히 많이 나온다. 신령한 젖을 사모하라는 말씀을 강조한 바울이 전혀 이상하지 않은 것처럼 우리를 신령한 젖으로 양육하시기 위한 예수님의 모습 또한 이상하지 않아야 할 것이다.

띠의 다른 특징인 금을 살펴보자.

금은 인생에서의 모든 단련을 마치시고 정금과 같이 나오게 한 하나님에 대한 예수님의 변함없는 믿음을 상징한다. 띠(belt)도 긴 옷과 마찬가지로 제사장, 왕, 선지자들이 걸쳤던 옷의 일부였다. 이 모든 단어들, 가슴, 띠, 금, 그가 입은 옷이라는 단어의 의미를 종합해 볼 때 그가 제사장이 되시고 왕이 되시고 선지자가 되어주신 것은 모두 **그분의 양들을 양육하기 위하여 얻어진 자격임**을 알 수 있다. 참으로 놀라운 표현이 아닐 수 없다.

신체적 특징

다음으로 넘어가 보자. 예수님의 털의 희기가 흰 양털 같고 눈 같다는 것은 말할 것도 없이 그의 무죄함을 상징한다.

여호와께서 말씀하시되 오라 우리가 서로 변론하자 너희의 죄가 주홍 같을지라도 **눈과 같이 희어질 것이요**…(사 1:18)

예수님은 인류 역사에 있었던 사람 중 모든 율법과 사람의 양심의 율법에서 승리한 유일한 사람이다. 이것이 그가 하나님을 대신해 모든 인류를 심판할 수 있는 자격을 가지게 한다.

육체를 가져본 자로서 육체의 욕망이 끊임없이 요구하는 유혹을 이겨내고 모든 율법을 이긴 자만이 인간이 죄의 유혹에서 싸우는 싸움이 어떠한지 알 수 있을 뿐 아니라 이 때문에 그들을 판단할 자격이 생긴다. 죄의 유혹을 당해 보지도 않았던 사람은 유혹과 싸우는 것이 얼마나 힘든지를 절대 알 수 없기 때문이다.

따라서 모든 유혹에서 이기신 예수님의 무죄성은 땅에 있는 인간을 심판하는 데 있어 가장 중요한 요인 중 하나라고 할 수 있다.

그다음, 두 눈의 불꽃은 하나님의 임재를 상징한다.

여호와의 사자가 떨기나무 가운데로부터 나오는 **불꽃** 안에서 그에게 나타나시니라 그가 보니 떨기나무에 불이 붙었으나 그 떨기나무가 사라지지 아니하는지라(출 3:2)

우선 두 눈은 두 가지를 상징한다고 추측한다.

첫째는 보이는 세계와 보이지 않는 세계를 볼 수 있는 눈들이다. 바울은 골 1:16절에서 하나님의 창조가 보이는 것 뿐 아니라 보이지 않는 것에도 이르렀음을 말한다. 이와같이 하나님은 분명 두 세상을 모두 창조하셨고, 또한 창조하셨다는 것은 두 세상을 모두 보실 수 있다는 뜻이다.

따라서 이 두 세상에서 보이는 우리의 행위와 보이지 않는 우리의 마음이 존재하기 마련이고 하나님은 두 영역에서 일어나는 우리의 모든 것을 보실 수 있다.

둘째는 구원과 심판의 영역 즉, 우리와 세상 가운데서 의로움과 불의함의 영역을 다 보시고 판단하시는 하나님의 통찰을 보여준다. 하나님의 통찰은 모든 것을 꿰뚫을 뿐 아니라 통찰의 결론에 따라 저절로 일어나는 공의를 동반한다. 앞서 설명한 것과 같이 하나님의 임재는 마치 물이 어떠한 곳에 자연히 차는 것처럼 그가 임하는 곳엔 더러움과 불의함을 소멸하는 공의가 존재한다. 수많은 성경 구절에서 그와 같은 하나님의 임재를 불꽃이라고 비유하며 실제로 그렇게 나타나기도 하셨다.

따라서 두 눈의 불꽃은 두 가지의 영역-보이는 세계와 보이지 않는 세계, 구원과 심판의 영역을 감찰하시고 심판하시는 하나님의 임재를 의미하는 게 아닐까 한다.

그다음 예수님의 발로 가보자. 발은 인간이 서 있을 때 신체 중 유일하게 땅에 닿는 부위다. 이 부위는 하늘과 땅을 연결하시는 예수님을 상징하며 그가 하늘과 땅의 중보자라는 것을 상징하기도 한다. 물론 모든 인간이 발이라는 신체 부위를 가졌지만, 예수님이 가지신 발은 그 의미가 다를 수밖에 없다.

그는 인간이기도 하지만 신이기도 한 하나님의 아들이시다. 그의 역할은 하나님과 인간을 연결하는 데 있고 따라서 그분의 발은 하늘과 사람을 연결하는 그의 역할을 상징할 수밖에 없을 것 같다.

땅에 닿은 발이 벌겋게 달아올랐다는 것은 그가 이 세상에 있을 때 연단을 받았던 분이라는 것을 의미한다. 그가 하늘과 사람을 연결할 수 있었던 것은 그의 단련을 통해 얻은 자격을 나타낸다. 또한 이것은 이 땅을 심판할 수도 있는 권세를 얻었다는 것을 상징하기도 한다.

풀무불은 엄청난 고난을 뜻하기도 하지만 세상을 심판하는 모습을 나타낼때 사용되는 비유이기도 하기 때문이다(왕상 8:51). 달궈진 놋쇠는 성경에서 심판의 도구를 비유할 때 사용되는 상징적인 도구였다.

또한 주석과 같은 발은 예수님의 무죄성이 쉼 없이 유혹을 받고 견뎌내어 이긴 과정을 그린다. 결국 연단이라는 것은 육체의 고난과 아픔을 지나오는 과정이기 때문이다.

흰 양털 같은 머리칼과 그의 수염이 죄의 유혹을 이긴 결과 곧 승리를 상징한다면 주석과 같은 발은 세상이 주는 연단에서 모든 고난을 이기고 승리한 과정을 상징한 것이라고 할 수 있을 것이다.

예수님은 고난을 견디고 모든 유혹을 이겨 그의 무죄함을 증명하고 그로 인해 하나님과 사람을 화평하게 하셨다. 이것이 흰 양털과 같은 그의 털과 주석과 같은 발이 상징하는 바라고 볼 수 있다.

다음으로 많은 물소리와 같은 음성에 관한 성경 구절은 매우 많다. 우선 많은 물은 세상을 덮으시는 하나님의 영광을 상징한다(합 2:14). 예수님의 권세는 단지 교회를 향한 것이 아니라 모든 세상을 향한 것이기 때문이다.

공중 권세를 잡고 있는 존재는 사단이지만 결국 그마저도 작은 '지구'

라는 공간에 국한되어 있다. 그것은 그분의 통치가 무너진 것이 아니라 단지 약간의 침략이 시도되었다는 것으로 보아야 한다(《하나님의 모략》, 달라스 윌라드 저 참고).

모든 우주 즉, 보이는 세계와 보이지 않는 모든 세계는 하나님의 통치 아래 있으며 그가 주관하시고 종국엔 모든 것을 그의 것으로 거룩하게 하실 계획이 있다. 사단이 작은 지구의 공중을 장악하도록 잠시 놔두는 것은 순전히 인간을 사랑하시는 하나님의 사랑 때문이다.

어쨌거나 사단은 인간의 선택으로 침략의 기회를 얻었고 인간과 맞물려 있는 사단을 멸한다는 것은 곧 인류를 다치게 하는 결과를 낳을 수 있기 때문이다.

그러나 이것도 기한이 있는데 그때는 예수님이 구름을 타고 오셔서 모든 세상을 심판하러 오시는 때고 그분이 가지신 세상에 대한 권세를 나타내시는 때다. 폭포 소리와 같은 음성은 전지전능하신 하나님의 권세가 모든 세상이라는 영역에 영향을 미친다는 것을 상징한다.

예수님의 능력

계 1:16절은 세 부분으로 나뉜다.
1. 그 오른손에 일곱별이 있고

2. 그 입에서 좌우에 날선 검이 나오고

3. 그 얼굴은 해가 힘 있게 비취는 것 같더라

옷과 금띠가 그분이 하나님께로부터 받으신 직분과 목적을 나타낸다면 이 구절은 그분이 실제로 행사하시는 능력이 무엇인지를 보여준다.

1번, 오른손은 하나님의 능력을 상징한다.

그분이 오른손으로 일곱별들 즉, 일곱교회의 사자들을 붙잡고 있다는 것은 그분에게 주어진 하나님의 강한 능력으로 그들을 붙잡고 있다는 것을 상징한다.

또한 2번은 말하지 않아도 말씀을 대충 외우고 있는 성도들은 고개를 끄덕일 것이다. 히 4:12절에 나오는 말씀처럼 좌우에 날 선 검과 같이 혼과 관절과 골수를 깨어 쪼개기까지 하시는 하나님의 말씀 능력이 예수님에게 있음을 보여준다.

예수님은 사단과 싸우실 때도 말씀으로 싸우셨고 그의 공생애 기간에 일하실 때도 말씀으로 승리하셨으며 말씀을 통하여 그의 일을 이루신다.

3번, '그 얼굴이 해가 힘 있게 비취는 것 같더라'에서 '힘 있게'라는 말은 헬라어로 'δύναμις'(dunamis) 즉, '능력 있게'라고 기록되어 있다. 말그대로 그의 얼굴이 그의 능력이라는 것을 의미한다.

성경에서 얼굴과 관련된 여러 구절을 살펴보면 얼굴이 해처럼 빛나는 것은 지혜가 충만하고 하나님의 말씀이 그 안에 있음을 의미한다(전 8:1, 출 34:29). 출애굽기 34장에서는 모세가 하나님과의 말씀을 마치고 산에서 내려올 때 그 얼굴에서 광채가 난 것을 기록한다. 오죽하면 수건으로 그의 얼굴을 가려야 할 정도였다.

이것은 하나님의 능력이 모세 위에 있었고 하나님의 말씀이 그 안에 있었기 때문이다. 이러한 광채는 사실 모세를 위함이 아니다. 오직 진리의 말씀 가운데서 백성을 인도하게 하시기 위한 것이었다. 마찬가지로 예수님의 얼굴이 해처럼 힘있게 빛난 것은 그의 백성을 말씀의 진리로 인도하시기 위함이라는 것을 알 수 있다.

하나님으로부터 받은 삼직 -제사장, 왕, 선지자- 을 가지고(긴 옷, 금띠), 세상의 모든 죄와 욕망을 이기시고(양털과 같은 흰 털), 모든 세상을 감찰하시어 하나님의 임재 가운데 있는 공의로 심판하시며(불꽃 같은 두 눈), 세상의 연단 가운데 승리하셔서 세상을 심판할 자격을 얻으시고(주석과 같은 발), 모든 세상을 심판하시는 하나님의 권세를 가지신(많은 물소리와 같은 음성), 능하신 하나님의 능력으로 교회의 사자들을 붙드시고(오른손의 일곱별), 하나님의 말씀으로 싸우시며(입에서 나오는 좌우에 날선 검), 하나님의 지혜와 말씀으로 충만하여 진리로 그의 성도들을 인도하신다(그 얼굴이 해가 힘 있게 비취는 것 같음). 이 모든 것이 그의 교회를 양육하시기 위해(가슴) 하늘과 사람을 화평하게 하기 위해(발) 보여주는 예수님의 모습이다.

과연 이와 같은 자격을 갖춘 자가 인류 가운데 누가 있을까. 앞으로도 놀라운 예수님의 모습을 언급할 부분이 너무 많지만 1장에 나타나신 예수님만 보더라도 그분이 얼마나 엄청난 분이라는 것을 대강 느낄 수 있을 것이다.

일곱교회에게 필요했던 예수님의 모습의 다양성은 그의 교회를 어떻게든 인도하시고 양육하시고 지키시어 마지막 그의 권세를 나타내실 때 불과 같은 세상에서 살아남게 하시려는 치밀한 하나님의 계획이며 모략이라고 할 수 있다. 이러한 예수님이야말로 우리가 믿고 갈 수 있는 유일한 분이라는 것을 보여주는 장면이다.

이 외에도 예수님의 특징과 사역은 많은 모습에서 나타나지만 일단 일곱교회를 살펴보는 데 있어 가장 기본적인 주인공-예수님-의 성향은 대략 파악한 것 같다. 이제 본격적인 일곱교회 이야기로 들어가 보자.

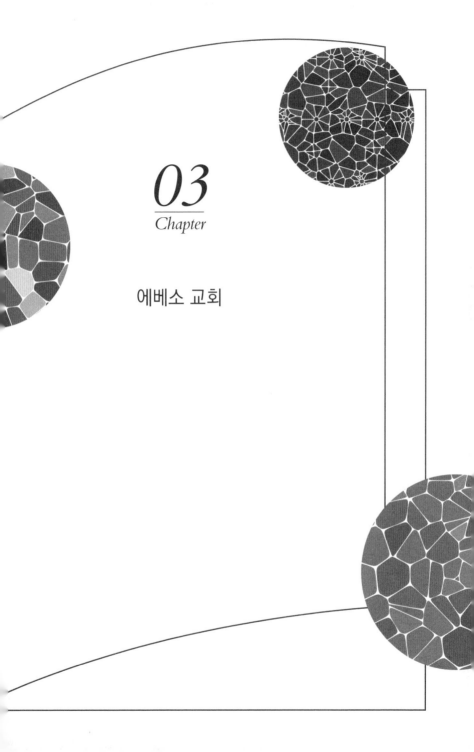

03

Chapter

에베소 교회

Revelation

1장
안다-οἶδα

내가 네 행위와 네 수고와 네 인내를 알고…

계 2:2

예수께 대한 우리의 헌신의 기반은 오직 하나,
그분이 우리의 삶과 우리의 우주에 대한
진실을 알고 계시는 분이라는 인식에만 있을 수 있다.

달라스 윌라드 – 〈하나님의 모략〉 중에서

† 예수님의 아시는 것

에베소. '인내'라는 뜻. 아시아의 중심지였고 동서양을 오가는 관문지였으며 유명한 항구도시였다. 요한이 쓴 서신에서 첫 번째로 등장하는 이곳은 아마도 일곱교회의 지역 중 가장 부유한 도시였을 것이다. 예수님은 이 도시에 사는 사자 즉, 종의 행위에 대하여 '안다'라고 말씀하신다. 무슨, 무슨 일을 했고 뭘 잘못했고 하는 등등.

우리가 흔히 생각하는 일곱교회의 사자에 관한 예수님의 메시지는 칭찬과 책망으로 나뉜다고 생각한다. 그것도 물론 여러 측면에서 옳은 관념이다.

그러나 그것이 책망이든 칭찬이든 예수님의 이야기는 모두 진실에 관한 것이다. 이 관점이 중요한 이유는 이 글을 읽는 우리들 또한 진실을 조명하시고자 하시는 그분의 관점을 공유함으로써 그가 왜 이러저러한 것들을 책망하시거나 칭찬하시는지를 영혼 깊이 느낄 수 있기 때문이라고 생각한다.

악을 단순히 악하다고 느끼는 것과 악이 마치 독사의 무더기와 같다는 장면을 보는 관점은 분명 우리에게 다가오는 강도가 다르다. 예수님이 진실을 보시는 관점은 그만큼 악에 대하여, 하나님이 사랑하시는 것에 대하여 영혼의 온 감각을 일깨울 수 있게 하고 따라서 싸우는 자세 또한 달라지게 만들 수 있다.

그 때문에 우리는 예수님이 에베소 교회 및 다른 교회의 사자를 향하여 '안다'라고 표현하신 이유를 알 수 있다. 그분은 그들이 가지고 있었던 상황을 '아시고' 무엇이 선한지, 대적해야 하는 것이 무엇인지를 솔직하게 말씀해 주셔서 그들이 가지고 있는 상황이 얼마만큼 심각하고 또 어떤 마음 자세로 싸워야 할지를 알려주신다.

또 하나, 예수님의 '안다'는 매우 심도 있게 보아야 할 주님의 말씀이다. 예를 들어 에베소 교회의 사자에 대하여 나오는 칭찬의 말씀 즉, 그가 아시는 사자의 행위에 관한 이야기는 사실 칭찬이 아니다. 마치 모든 복선을 깔아놓고 마지막에 반전을 주는 스토리텔링처럼 그가 아신다고 말씀하시는 에베소 교회 사자의 행위에 대한 진실은 사실상 그가 대적하시는 것의 일부라고 할 수 있다.

우선 예수님이 알고 있다고 말씀하시는 에베소 교회 사자의 행위를 잘 살펴보자. 그 행위들은 매우 찬란한 것이었다. 정리해 보면

수고하고
인내하고

악한 자들을 용납하지 않고

자칭 사도라 하되 아닌 자들을 시험하여 그의 거짓된 것을 드러내고

참고

예수님의 이름을 위하여 견디고

게으르지 아니하고

무려 7가지로 분류되는 그의 행위는 그리스도인이라면 응당 자랑스러워해야 할 행위들이다.

7가지의 행동들을 살펴보면 에베소 교회 사자는 철두철미한 성격의 종이었다. 그는 거짓말을 매우 싫어했다. 악하고 거짓말하는 사람들을 싫어해서 용납하지-내버려 두지 않았다. 거짓말하는 자들을 시험까지 해 가며 교회에서 내어 쫓았고 악한 사람들을 가만 놔두지 않고 그들을 훈계하거나 내어 쫓기도 했다.

그리고 그는 부지런한 사람이었다. '수고', '게으르지 않았다'라는 두 단어는 그가 얼마나 부지런히 주님의 일을 했는가를 알 수 있다. 또한, 그는 인내력도 대단한 사람이었다. 참고, 견디고, 인내하다. 그야말로 '참다'의 다른 동의어가 두 번이나 더 등장할 만큼 그는 웬만해선 지치지도 않고 어떠한 고난에도 물러서지 않는 강직한 종이었다.

특별히 '게으르지 않다' 중 '게으르다' 해당하는 단어 'κοπιάω'(kopiao)

는 '피곤해지고 낙심하다'라는 뜻으로 앞의 óυ(아닌)와 붙어서 '피곤해지고 낙심하지 않다'라는 표현이 된다. 마 11:28절의 '수고하고 무거운 짐진 자들아…'에서 이 단어가 사용되었다. 이 구절의 '수고로움'은 세상에 사는 모든 이들이 느끼는 수고와 지침을 의미한다. 이로 볼때 에베소 사자가 다른 이들처럼 쉽게 지치는 성정의 사람이 아니라는 것을 유추할 수 있다.

그는 어떠한 고난에서도 주님을 믿는 믿음을 잃지 않았던 끈질긴 믿음의 소유자였다. 그런데 그다음 말은 바로 예수님이 '대적하신다'는 뜻의 'κατά'(kata)로 넘어간다.

7가지나 되는 그의 멋진 행위를 '안다'라고 말씀하시고 난 후 '너에게 대적할 것이 있다'고 말씀하시는 것이다. 이러한 상황은 마치 베드로에게 '천국 열쇠를 주겠다'고 약속하신 그분이 곧바로 '사단아 내 뒤로 물러가라'라고 대적하시는 모양새와 비슷하다.

대체 에베소 교회의 사자가 가지고 있던 것이 무엇이기에 이러시는 걸까. 이에 대해선 뒤에 들어가서 더 다루기로 하겠지만 여기서 우선 우리가 알아야 할 것은 예수님이 대적하시는 존재는 사자가 아니라는 점이다.

예수님은 그가 가지고 있는 것 -ἔχω(eko):가지다, 가지고 있다- 을 대적하신다. 왜냐면 그것은 사람의 욕망과 그 욕망을 부추긴 사단의 작품이라는 것을 아셨기 때문이다.

예수님이 베드로를 대적하시며 말씀하셨던 이치도 이와 같다. 예수님은 목숨을 내어주실 만큼 베드로를 사랑하시지만, 베드로의 욕망 안에서 적용된 사단의 말을 철저히 대적하셨다.

예수님이 베드로에게 그렇게 말씀하셨던 이유는 베드로가 예수님의 사역을 오해했기 때문이며 더 깊이 들어가서 그 사역으로 인해 얻을 자신의 영광을 바라봤기 때문이었다.

베드로와 다른 제자들의 마음속엔 요한과 야고보가 예수님의 보좌 옆을 탐냈던 것처럼 줄을 잘 타기 위한 야망적인 선택이 있었다. 당시 메시아의 출현이라는 꿈은 영적인 하나님의 나라가 세워지는 것과는 거리가 멀었다.

이스라엘인들에게 메시아의 출현은 어디까지나 솔로몬의 시대를 회복하거나, 로마를 완전히 박살내거나, 이스라엘이 전 세계 최상위 국가가 되는 것을 의미했다. 그 때문에 베드로는 자신의 욕망이 꺾이는 것(십자가 예언)에 펄펄 뛰며 반대했다. 물론 겉으로는 예수님을 걱정해주는 척하며 십자가는 안 된다면 난리를 쳤겠지만 실은 그의 욕망이 훨씬 더 많이 작용했다.

예수님이 십자가를 진다는 것은 곧 그들에게 실패를 의미했기 때문이었다. 하지만 예수님의 계획은 이스라엘이 착각했던 것처럼 당장에 나타나는 초월적인 국가를 세우는 것이 아니었다. 모든 욕망에 굴복하여 죄인이 되어 버린 인간을 대신해 죽어 영원의 나라의 초석을 다지는 것이였다. 사람이 저지르고 또 앞으로 저지를 불의와 참변을 정리하지도 않고 세운 국가는 절대 영원할 수도 영원해서도 안 된다는 것을 아셨기 때문이었다.

예수님은 진리이시며 빛이신 이유로 우리의 마음이 어떻게 사단과 연합하여 행위를 만드는지를 잘 알고 계셨다. 베드로를 향하여 독한 말을 뱉으시고 에베소 교회의 사자에게 대적한다는 말을 서슴지 않고 하실 수 있었던 이유다.

그분은 어디까지나 그들이 가지고 있는 사단의 계략과 악한 열매를 대적하신다는 것을 기억해야 한다. 왜냐하면 이 또한 우리가 치러야 할 중요한 영적인 전쟁이며 이 전쟁의 승패가 수많은 것을 결정지을 수 있기 때문이다. 예수님은 우리를 승리하게 하시기 위해 사단의 나라가 우리의 마음을 장악하는 것을 용납하시지 않는다.

그분의 목적은 우리 안에 하나님의 나라를 굳건히 세우시는 것이다. 한 사람의 마음에서 굳건히 세워진 나라는 또 다른 나라를 세울 수 있고 나아가서 교회 전체에 하나님의 나라를 세울 수 있다.

이것이 예수님이 그의 제자를 세우셨던 이유고 또한 그가 나라를 세우시는 방법이기도 하다. 그 때문에 우리 안에 있는 욕망과 그와 연합한 사단의 열매를 대적하시는 것은 예수님이 우리에게 행하시는 가장 중요한 사역 중 하나다.

소문자의 $οἶδα$

에베소 교회를 향하여 말씀하시는 '안다'라는 말은 다른 교회와 다르게 사용된다. 똑같이 '$οἶδα$'(oida)라는 단어를 사용하지만 희한하게도 에베소 교회만 o를 소문자로 기록한다.

성경의 원문 기록에서 우리가 더 많은 진리를 발견할 수 있는 건 헬라어가 가지고 있는 독특한 장점들 때문이다. 시제의 변화나 남성, 여성, 중성의 표현에 의해 의미 변화의 정확성을 인지할 수 있다. 그중 하나가 바로 소문자와 대문자의 차이다.

헬라어의 단어가 만일 대문자로 사용되었다면 그것은 대단원을 시작할 때나 고유한 이름이나 물건 혹은 개념을 기록할 때나 그 말을 유독 강조하고 싶을 때다. 에베소 교회를 제외한 다른 교회를 향하여 '안다'라고 말씀하실 때는 대문자를 사용하는데 왜 유독 에베소 교회만 소문자를 사용하는 것일까.

일단 예수님이 '안다'라는 것이 어떤 '앎-knowledge'을 의미하는지를 보자. 그분의 아심은 단지 그의 수고로운 행위나 겉으로 드러나는 일과 상황만 아시는 것이 아니었다. 예수님이 대적하시고 있는 사자의 행위와 마음의 중심과 그가 처한 영적 육적 상황 모두를 '안다'고 말씀하시는 것이었다. 아시기 때문에 경고도 하시고 위로도 하신다.

다른 누군가가 나를 '안다'라고 말하는 것과 모든 것을 보실 수 있는 예수님이 '안다'는 것은 하늘과 땅 차이다. 이 세상 어떤 누구도 볼 수 없는 나의 상태를 하나님은 보실 수 있고 그것이 곧 그분에겐 '안다'라는 말로 나타날 수 있다.

이는 매우 두려운 말이다.

그가 비추시는 진리가 나의 어떤 것을 드러낼지 모르기 때문이다. 그래서 나는 생각했다. 에베소 교회를 향한 예수님의 '아는' 지식이 모든 교회에 보편적으로 적용되어야 하기에 혹 이것이 소문자로 기록된 것은 아닐까.

에베소 교회는 소아시아의 수도였다. 소아시아 교회의 중심지였고 또한 동서양의 관문지였다. 그 때문에 에베소 교회가 다른 교회에 미치는 영향은 남달랐을 것이다. 소아시아의 중심지인 에베소 교회를 향하여 '안다'라고 표현한 이것이 어쩌면 나머지 교회에 전하시는 메시지의 근간 즉, 보편적으로 교회가 알아야 할 가장 중요한 진리가 아니었을까 한다. 물론, 이건 오로지 나의 견해일 뿐이지만 말이다.

그럼에도 불구하고 나는 이 견해를 고수하고 싶다. 에베소 교회 사자를 향한 아심의 보편성이 모든 교회에 적용되는 것이 결코 모든 교회에 영적으로 유익을 주지 않을 개념이 아니기 때문이다.

내팽개치다

에베소 교회 사자를 향한 말씀 중 가장 중요한 말은 아마도 '첫사랑'일 것이다. 예수님이 대적하시는 에베소 교회 사자가 가지고 있었던 행위는 '처음 사랑을 버렸다'라는 사실이다.

여기서 사용된 헬라어 'ἀφῆκες'(aphekes)는 (원:ἀφίημι-aphyemi) '내 어 버려두다' 혹은 '내팽개치다', 'put away'라는 뜻이다.

마 4:22절에서 베드로가 '배를 버려두고 예수님을 좇다' 할 때 사용되기도 하며 계 2:20절에서 자칭 선지자라 하는 이세벨을 네가 '용납하다'고 할 때도 사용된다. 이러한 쓰임새를 볼 때 'ἀφίημι'는 어떤 물건이나 사람 혹은 마음 같은 것을 버리거나 내버려 둔다는 의미로 사용되는 것 같다.

특히 계 2:20절에서 두아디라 교회 사자가 자칭 선지자라고 하는 이세벨을 교회 안에서 활동하도록 용납했다는 말을 표현하는 단어로 'ἀφίημι'를 사용한 것은 매우 아이러니하면서도 무서운 표현이기도 하다. 두아디라 사자가 이세벨을 내버려 둔 것과 에베소 교회 사자가 예수님과의 첫사랑을 내버려 둔 행위가 같은 마음과 동기로 이뤄졌음을 뜻하기 때문이다.

두아디라 교회의 사자가 왜 이렇게 했는가는 뒤에서 더 다루겠지만 잠깐 이야기하면 두아디라 교회의 사자에겐 두아디라라는 상업적인 도시에서 살아가는 고충이 많았다. 이세벨이라는 이름의 등장 자체가 범상치 않다는 것을 알 수 있다.

두아디라 교회의 사자는 마치 엘리야처럼 고독한 사람이었다. 이세벨의 세력은 교회 안에서 계속 성장하고 있었고 오래전 아합의 부인이었던 이세벨이 이스라엘을 장악한 것과 같은 일들이 일어났음을 짐작할 수 있다. 그녀는 자칭 선지자라고 할 만큼 영험한 능력이 있어 보이는 여자였다. 따라서 그녀가 정말 하나님의 사람인지 아닌지도 분별하기가 쉽지 않았을 것이다.

하지만 두아디라 교회 사자는 그녀의 가르침으로 일어나는 행위의 열매 즉, 우상의 제물을 먹고 음행을 하는 일들이 일어난다는 것을 눈치챘음에도 그 문제를 내어 버려두고 있었다. 많은 종이 그녀를 따르고 있었고 이세벨을 건드리면 자칫 교회가 붕괴될까 하는 걱정 때문에 그랬을지도 모른다. 그는 문제를 해결하려는 노력을 포기한 채 두 손을 놓고 있었던 것이다.

'용납하다'라는 말은 그저 이세벨이 마음대로 설치도록 '내팽개쳐' 놓고 '내어버려 뒀다'는 뜻이다.

이러한 뜻이 에베소 교회 사자가 처음 사랑을 버렸다는 말에도 적용된다는 것은 참으로 가슴을 서늘하게 만드는 표현이 아닐 수 없다. 말하자면 에베소 교회 사자가 예수님과의 처음 사랑을 마치 귀찮은 문제를 내팽개치듯 내어 버려뒀다는 말이 되기 때문이다.

물론 '용서하다'는 뜻을 이 단어가 가지고 있기도 하지만 이 말이 쓰인 문맥적인 상황상 '용서하다'라는 의미는 맞지 않다고 봐야 한다. 사실 하나님이 우리의 죄를 용서하셨다는 의미도 하나님이 스스로 우리의 죄를 내팽개치시는 동작을 보여주는 것이기도 하다.

이 말에 이어 나오는 '기억하고 회개하라'는 예수님이 제시한 해결 방법은 예수님의 입장에서 보면 처절하고 굴욕적인 부탁이었다.

두 사람이 사랑해서 결혼을 했다. 그러다 배우자 중 한 명이 상대에 관한 사랑은 잃어버린 채 열심히 집안일만 한다거나 혹은 직장 생활만 한다면 그래서 밥을 먹을 때도 차를 같이 타고 갈 때도 상대가 없는 것처럼 취급한다면 참 슬픈 일일 것이다. 마찬가지다.

예수님은 지금 에베소 교회 사자에게 사랑을 구걸하고 있는 상황이다.

'난 아직도 너를 사랑하는데 왜 넌 내 사랑을 내팽개쳐 두고 있니.'라고 물어보시는 격이다.

에베소 교회 사자가 첫사랑을 내팽개쳐 둔 정도는 첫사랑의 마음을 그가 어디다 놨는지 기억도 못 할 정도였다. 이 때문에 예수님은 '어디다 뒀지를 네가 기억했으면 좋겠다'라는 부탁을 먼저 하신 것이다.

앞서 예수님이 아시는 에베소 교회 사자의 7가지나 되는 장점들이 빈 깡통이 되어 나타나는 순간이다.

처음엔 분명 예수님의 사랑으로 이 모든 행위를 시작했을 것이다. 자신에게 맡겨준 교회를 운영하기 위해 자신의 모든 것을 건 사람인 만큼 그는 부지런히 인내하고 거짓된 자들을 가려냈다. 하루도 쉬지 않았다.

매일 문제가 생기는 교회를 운영하며 피곤하기도 했지만 교회가 점점 부흥되는 것을 보며 그의 마음엔 점점 이상한 생각이 들기 시작한다.

'이 모든 것은 내 손으로 이룬 것이다.'

참으로 위험한 생각이라는 것을 이 책을 읽고 있는 모든 사람은 알고 있지만 정말 희한한 건 막상 이 상황을 직접 겪는 사람이 되면 자신이 이러한 착각에 빠지고 있다는 사실을 모른다는 것이다. 어느새 나도 모르게 점점 예수님의 자리를 내가 차지하려 드는 욕망을 눈치채지 못한다.

아무리 수고로움과 인내와 게으르지 않음과 철두철미함이 일궈낸 성과라고 해도 그 안에 예수님에 대한 사랑이 없으면 무용지물이다. 이러한 본질의 손실은 결국 교회를 세우고 성도를 세우는 하나님의 사역이 자신의 것이 되어 버리고 종국에는 예수님이 사라진 교회가 되어 버려서 겉모습은 교회지만 속은 인간의 영광만 가득 찬 교회가 되는 결과를 초래하게 된다.

예수님에 대한 처음 사랑을 잃어버렸다는 것은 곧 그분 자체를 잃어버렸다는 것을 뜻한다. 에베소 교회 사자가 천부적으로 하나님께 받은 성품, 인내도 잘하고 참기도 잘하고 분별도 잘하는 모든 좋은 성품을 하나님께 받았으나 그것이 예수 그리스도를 위하여 사용된 것이 아니라 자신의 영광만을 위하여 사용된 것이다.

예수님이 나열하신 에베소 교회 사자에 대한 '아심'은 처음엔 예수님과 함께 빛을 발하는 사역이었으나 시간이 지나면서 예수님이라는 알맹이는 빠지고 자신의 영광을 위한 사역으로만 남아버린 사실이었다. 그가 처음 사랑을 어디다 뒀는지도 기억하지도 못할 만큼 말이다.

예수님이 에베소 교회 사자에게 나타나신 모습은 '오른손에 일곱 별을 붙잡고 일곱 금 촛대를 거니시는 분'이다. 그분이 교회마다 다른 모습으로 나타나신 것은 각 교회가 가진 문제가 다르고 견뎌야 할 싸움이 다르기 때문이다.

오른손에 일곱별을 붙들고 일곱 금 촛대를 거니시는 예수님을 다른 말로 표현해 보자.

그가 하나님의 능력으로 붙들고 있는 존재들은 일곱교회의 사자 즉, 교회를 위하여 세우신 종들이다. 일곱촛대인 일곱교회를 매일 매 순간 감찰하시며 양육하시고 보호하시는 분이 예수님이라는 뜻이다.

예수님이 이러한 모습으로 에베소 교회 사자에게 나타나신 이유는 사자의 능력의 근원이 다름 아닌 예수님으로부터 나오는 것임을 보이시기 위해서다. 에베소 교회 사자가 분별하고, 결단하고, 인내하고, 게으르지 않으며 지치지 않을 수 있었던 이유는 예수님이 그를 지켜주셨기 때문이다. 그의 능력은 그의 것이 아니며 온전히 예수님이 제공하시는 것이다.

하나님이 예수님에게 능력을 전가하시는 이유는 하나님을 온전히 사랑하는 마음이 예수님께 있기 때문이다. 하나님의 능력을 행하는 데 있어서 가장 중요한 것은 목적이다.

무엇을 위해서 그 능력을 쓰고 있느냐에 따라 행위의 열매가 달라지기 때문이다.

하나님은 완전한 선이시다. 그가 생각하시고 의도하시는 모든 목적은 선하며 사랑은 그것을 세상에 나타나게 하는 거룩한 알고리즘이다. 하나님을 사랑하지 않는다면 하나님의 선한 목적을 이룰 수 없고 그 영광을 온전히 하나님께 돌리지 못하며 따라서 하나님도 우리에게 영광을 허락하실 수가 없다.

예수님과 하나님이 일하시는 방식은 서로 간의 온전한 사랑 가운데 이뤄졌고 이러한 사역의 방식은 예수님과 종들 사이에서도 이뤄져야 한다. 사랑은 언제나 자신을 위해 능력을 쓰지 않고 상대를 위해 능력을 사용하게 되어 있기 때문이다.

계 4장에 나오는 24장로가 자신의 면류관을 보좌 앞에 던지는 것은 그들의 모든 행위가 하나님께로부터 온 것임을 인정하는 행위다. 그러나 그들이 자신의 영광을 하나님께로 돌렸다고 할지라도 한 번 그들에게 주어진 면류관은 영원히 그들의 것이다. 그들이 하나님께 그들의 면류관을 던질 수 있었던 이유는 하나님의 사랑을 알았고 실제로 사랑했기 때문이다.

마찬가지다.

에베소 교회 사자가 만약 예수님에 대한 첫사랑을 잃지 않았다면 그 모든 사역의 결과가 예수님의 것인 동시에 영원히 자신의 것이 될 수 있다. 예수님을 사랑하는 사랑은 모든 진실을 보게 한다. 교회를 책임지시는 예수님, 사자들을 능력으로 붙잡으시는 예수님의 사랑이 교회와 종들을 지키고 있음을 보게 하는 것이다.

하지만 사랑을 잃는 순간부터 우리는 스스로를 찬미하기 시작한다. 우리 안에 있는 욕망이 하나님을 내어 쫓고 예수님의 지키심을 보지 못하게 만들기 시작한다. 하나님의 나라는 그때부터 침탈당하기 시작하고 예수 그리스도의 나라는 무너지기 시작한다.

교회가 부흥하고 성도 수가 늘어나고 모든 사람에게 좋은 평판을 듣고 이것을 지키기 위해 종은 매일 고군분투하지만 예수님과의 시간은 어느새 뒷전이다. 그리고 그것이 더 이상 중요하지 않다고 여기게 된다.

이러한 종의 상태는 급기야 절대 교회를 맡겨서는 안될 만큼이 되어버리고 만다.

예수님의 두 번째 모습, 일곱교회를 거니시는 모습은 교회를 통치하시는 권위가 그에게 있다는 것을 보여주시기 위해서다. 종들에게 교회를 맡기시는 권한이 주님께 있는 것이다.

종들을 세우시는 궁극적인 목적은 교회라는 하나님의 나라를 지키기 위해서다. 종들이 살면 교회가 살 수 있는 체계를 만들어 놓으셨기에 오른손으로 일곱 별인 교회의 사자들을 붙잡으시는 것이다.

열심히 일하는 종인 것처럼 보여도 사실은 하나님의 나라를 자신의 영광으로 채우려는 종은 교회를 무너지게 할 뿐 아니라 다른 교회까지 영향을 미치게 한다. 우스운 건 사람인 우리가 아무리 자신의 영광을 채우려고 해도 그게 안 된다는 사실이다. 하나님이 우리를 떠나시는 순간 사단은 자신의 나라를 세우기 위한 계략을 즉각적으로 시행하며 우리는 거기에 맞설 힘도 없거니와 그와 열심히 동조하기 시작한다.

에베소 교회 사자가 예수님의 사랑을 잃어버린 순간에 사단은 절대 이렇게 말하지 않는다.

'자 이제부터 너의 영광을 위해서 일해라. 그 나라는 너의 나라가 될 것이다' 라고 말하지 않는다.

'이 모든 것이 주님의 나라를 위한 것이야. 예수님과 노닥거릴 시간이 어디 있어? 예수님이 그걸 원하진 않을 거야. 너에게 교회를 맡겼을 땐 좀 더 부흥시키고 성도 수를 늘리는 것을 원하셨을 거야. 그렇게 하다 보면 너의 영광도 조금은 생기겠지. 실은 하나님이 너를 위해 계획하신 부분이 기도해.' 라고 말할 것이다.

사단은 우리가 생각한 것보다 우리에 대하여 훨씬 잘 알고 우리의 욕심을 잘 읽을 뿐 아니라 그 욕심을 이용하기 위해 어떤 거짓말을 해야 하는지도 안다.

예수님이 없는 한 우리는 사단의 지혜를 따라잡을 수 없다. 매일 매 순간 속아 넘어가 결국 나 자신의 구석구석까지 사단의 깃발이 꽂히게 만들고 말 것이다. 성도 수를 늘리고 교회를 찬란하게 짓고 말씀을 열심히 가르치는 것 보다 예수님의 사랑을 잃어버리게 만드는 것이 훨씬 더 큰 이익이 있다는 것을 악한 세력은 알고 있다.

이것이 예수님이 에베소 교회 사자를 향하여 '안다'라는 단어를 소문자로 사용하신 이유라고 생각한다.

에베소 교회사자 뿐 아니라 모든 지상에 있는 교회가 기억해야 할 주님의 '아심'은 곧 '결코 너희가 가진 나의 사랑을 잃지 말라'로 연결된다.

에베소라는 단어의 뜻은 '인내'다. 교회가 할 수 있는 일은 그저 예수님의 사랑을 가슴에 품고 죽는 날까지 믿음으로 인내하는 것뿐이다. 그것을 잃지 않는 것이며 매일 매 순간 기억하며 주님과 동행하는 것이다.

그것만이 우리로 하여금 생명나무의 과일을 먹게 하고 종의 영혼뿐 아니라 교회 전체를 살리고 하나님의 나라를 세우게 한다.

에베소 교회 사자가 내팽개쳐둔 사랑을 다시 기억하라고 애걸하시는 처절함이 예수님에게 있어도 그분은 상관하지 않는다. 그분의 자존심은 이미 십자가에서 깡그리 무너졌다.

그는 두 팔을 벌려 종일 기다리신다. 온종일 아니, 십 년 이십 년을 기다려 안을 수 있다면 그렇게 하시는 분이다. 이런 예수님의 사랑을 잃지 않는 것이 우리가 이기는 자가 될 수 있는 가장 첫 번째 방법이자 마지막 방법이 될 것이다.

니골라 당

'니골라'라는 이름은 일곱교회를 향한 서신에서 두 번 등장한다. 첫째가 에베소, 두 번째가 버가모 교회다. 이런 이름을 가진 사람이 실제 있었는지 아닌지는 별로 중요하지 않다. 당시 예수님이 대적하셨던 개념의 교훈이 있었다는 것과 그 교훈이 교회의 악이었다는 것, 그리고 이것이 버가모 교회와 에베소 교회 모두에게 악영향을 끼칠 만큼 세력이 컸다는 사실이 중요하다.

예수님은 에베소 교회가 가지고 있는 것 중 그의 마음에 합한 사실에 대하여 말씀하시는데 본 구절은 이와 같다.

오직 네게 이것이 있으니 네가 니골라 당의 행위를 미워하는도다.
나도 이것을 미워하노라(계 2:6)

'오직 네게 이것이 있다'에서 사용하는 <u>ἀλλά</u>(alla:오직)는 '그래도', '그 대신'이라는 뜻이다.

이 말을 사용하신 것으로 볼 때 역시나 지금까지 주님이 말씀하신 에베소 교회 사자의 모든 행위가 그 분의 마음에 맞지 않았다는 것을 의미한다. 말하자면 '내가 지금까지 말한 너의 모든 것이 마음에 맞지 않았지만 지금 너에게 말하는 이것만은 내 마음에 맞다'라고 말씀하시는 것이다. 앞서 말한 행위들이 실은 칭찬이 아니라는 것을 더 강력히 뒷받침하는 증거다.

그렇다면 주님이 언급하신 니골라 당의 행위란 무엇일까.

니골라 당의 교훈이 무엇인지는 버가모 교회에서 더 자세히 언급하고 있다. 그것은 발람의 교훈과 같은 것이었다. 예수님은 발람의 교훈을 언급하신 후 니골라당의 교훈에 대하여 '이와 같이'라고 말씀하신다.

따라서 니골라 당의 교훈이 무엇인지 알기 위해선 발람의 교훈이 무엇인지 알아야 된다는 것을 알 수 있다.

발람은 이스라엘이 광야에 있을 때 모압의 편에 서서 일하던 선지자다. 참으로 아이러니한 것은 그가 모압의 편에 섰다고는 하나 사실 이스라엘을 축복한 자였으며 모압이 요구한 것은 하나도 들어주지 못한 사람이었다. 세 번의 저주의 요구를 축복으로 바꿔버린 사람이었다. 모압의 왕이었던 발락은 그 때문에 손뼉을 치면서까지 화를 냈었다.

발람이 발락의 요구대로 이스라엘을 저주하지 못했던 이유는 그의 의지 때문이 아니었다. 하나님이 그로 하여금 저주하지 못하게 했기 때문이다. 하나님의 능력이 그의 입으로 말미암아 저주는커녕 축복을 빌게 했던 것이다. 여기서 알 수 있는 사실은 이것이다.

1. 발람은 하나님을 아는 사람이었다.
2. 발람은 선지자였다.
3. 발람은 따라서 하나님의 뜻을 알았다.
4. 그러나 발람은 하나님의 뜻에 동참하지 않았다.

그는 하나님이 그에게 절대 이스라엘을 저주하지 말라는 말씀을 들을 수 있을 정도로 영험한 능력을 가지고 있었다. 게다가 이스라엘을 생각하시는 하나님이 그들을 철통같이 보호하고 있다는 것을 알았으며 더 기가 막히는 것은 하나님이 선하신 분이며 전지전능하신 분이고 그가 이스라엘에게 어떠한 하나님인지 또한 어떠한 약속을 이스라엘에게 주신 하나님인지 알았다는 사실이다. 만약 그렇지 않았다면 미디안을 통해 이스라엘을 무너뜨릴 수 있는 기가 막힌 계략을 만들 수 없었을 것이다.

그의 계략은 이스라엘 남자에게 이방 여인을 침투시켜 그들과 행음하게 하고 그것을 통해 이방 신을 섬기게 하는 것이었다. 이 계략에서 우리가 알 수 있는 사실을 살펴보자.

1. 발람은 이스라엘의 율법을 알고 있었다.
2. 발람은 하나님이 그들을 선택했다는 것을 알았다.

이스라엘의 율법에는 이스라엘 사람이 이방 여인을 취하지 말라는 말이 나온다.

이것은 비유적인 동시에 실질적인 당시의 법이기도 했다. 그들에게는 실제로 이 율법이 적용되는 것이 매우 중요했다. 그들은 무려 430년 동안 이방신을 섬겼던 나라에서 막 해방되어 겨우 40년 가까이 하나님을 알았을 뿐이다. 그들의 습성은 아직도 이방신을 섬기는 문화에 적응되어 있었고, 그 과정에서 이뤄지는 음행의 달콤함을 아직 잊지 않았다.

사람의 마음은 갈대와 같다고 그들 또한 거기에서 오는 유혹을 견디지 못했을 것이다. 그 달콤함은 염병처럼 퍼져 결국 스스로 하나님을 떠나게 만들 것임을 발람은 알고 있었다. 이것은 훗날 우리에게 비유적으로 적의 세력을 알려주는 동시에 우리들의 성정을 알려주는 것이기도 하다.

예수님을 믿기 전에는 어둠에 있었으나 예수님을 믿고 난 후 우리는 빛의 자녀가 되었지만 우리는 아직도 육체 안에 있는 연고로 육체가 바라고 원하는 어두운 욕망에 끊임없이 유혹당한다. 이것과 싸우는 일이 우리 인생에서 일어나는 중요한 전쟁들이며 우리는 의지적으로 예수님의 편에 서서 싸워야만 한다.

예를 들어 어떤 남자가 매일 술을 마시고 폭력을 쓰고 술집을 들락거리며 여러 여자들과 잠자리를 했다. 그런데 어떤 여인을 만나 사랑에 빠졌다. 여자는 남자의 더러웠던 과거를 상관하지 않고 남자를 사랑해준다. 그로 인해 남자는 여자를 위해 술을 끊기로 한다. 그리고 실제 그는 며칠 동안 술을 끊었다. 그런데 어떤 여인이 와서 남자에게 딱 한 잔만 하자며 달려드는데 여인의 말에 넘어간다면 어떠하겠는가. 그가 그 자리에 가서 술을 안 마신다거나 그걸 넘어서서 그 여인과 잠자리를 하지 않을 수 있는 가능성은 거의 없다. 만약 그럴 생각이 아예 없는 사람이라면 처음부터 딱 잘라 말했을 것이다. '난 사랑하는 여자가 있습니다. 그리고 전 이제 술을 마시지 않습니다'라고.

이방 여인을 취하지 말라는 것은 유대인이 절대 이방 여인과 결혼하지 말라는 율법 자체를 위한 것이 아니었다고 믿는다. 만일 순수한 혈통주의를 고집하시는 하나님이었다면 예수님의 족보에 라합이나 룻과 같은 이방여인은 발도 붙이지 못했을 것이다. 이 또한 그들을 위하시는 하나님의 말씀이었으며 지금 우리에게 적용되어야 하는 이 율법의 중심은 우리가 예수님을 만나기 전에 다가왔던 온갖 유혹들을 어떻게서든 취하지 않았으면 좋겠다는 하나님의 마음이라고 생각한다.

그분은 우리의 연약함을 아시고, 그 연약함이 어디서 무너지는지도 아시기 때문이다.

발람이나 니골라나 그들은 이스라엘 즉, 하나님의 교회가 가진 약점을 알고 있었다. 하나님의 교회가 막 하나님에게 돌아왔다는 것과 -그 누구든 사람이라면 200년 이상을 살지 못한다. 거듭난 지 20년이 되었든 30년이 되었든 그들은 하나님의 관점에서는 막 돌아온 사람들일 뿐이다- 하나님이 없는 한 성도는 사단의 종노릇을 할 수밖에 없다는 점이었다.

하나님은 결코 교회를 떠나지 않으신다. 이런 상황에서 교회와 하나님을 분리시킬 수 있는 방법은 그들 스스로 하나님을 떠나게 하는 것이었다. 발람은 이스라엘의 이러한 상황에 대하여 너무나 잘 알고 있었다.

교회가 스스로 하나님을 떠나게 하는 방법은 간단하다. 다시 예전으로 돌아가는 것이다.

남자를 사랑하고 있는 여자가 남자의 옆에서 산다고 해도 만약 남자가 다시 술을 마시고 다른 여자와 자고 폭력을 행사한다면 그는 사실 여자를 떠난 것이나 마찬가지다. 하나님의 은혜를 믿는다는 것은 마치 배우자를 사랑해 결혼하여 약속을 지킨다는 것과 같은 말이다.

물론 부부가 살면서 서로에게 말할 수 없는 상처를 줄 수도 있다. 그래서 용서를 해 줄 수도 있다. 하지만 바람을 피우거나 폭력을 가하면서도 양심의 가책도 없이 너는 내 배우자니 당연히 이 모든 것을 받아들이라는 마음의 중심을 가지고 있다면 이것은 용서와 은혜가 아무런 힘을 발휘하지 못한다. 진정한 은혜와 용서는 그것을 받는 자가 진심 어린 마음으로 자신의 죄를 뉘우치고 받아들일 때 살아 움직이기 때문이다.

발람의 교훈과 니골라 당의 교훈도 이와 같이 하나님의 은혜를 짓밟는 행위를 정당화하는 못된 교리다. 성도가 예수 그리스도를 믿고 난 후에도 나가서 원하는 대로 음행을 하고 이방 풍속에 젖어 다른 신을 섬기고 제물을 드려도 성도를 한번 구원하신 하나님은 '아무렇지도 않을 것이다' 라고 가르치는 교훈이 니골라 당의 교훈인 것이다.

믿음으로 의를 얻는 이신칭의 교리를 오해했을 뿐 아니라 하나님이 예수 그리스도를 통해 주신 은혜를 악용하는 교리다. 이는 그의 사랑을 송두리째 짓밟는 교훈으로서 복음 안에 있는 자유와 구원만 취하고 십자가와 거룩함은 쓰레기통에 갖다버리는 격이다.

이러한 교훈을 니골라 당의 교훈이라고 일컬었고 주님은 이것이 교회에게 매우 위험한 교훈임을 강조하신다. 에베소 교회가 첫사랑을 회복한 후에도 여전히 가지고 있어야 할 행위는 '니골라당의 행위를 미워하는 것'이다. 또한 이는 모든 교회가 대적해야 할 가장 강력한 악의 세력 중 하나였다.

앞서 언급한 '안다'의 개념과 같이 니골라 당의 행위를 미워하는 행위는 에베소 교회 사자뿐 아니라 다른 교회의 사자에게도 강조하시는 일반적인 개념일 것이다. 버가모 교회 사자에게도 니골라 당의 교훈의 위험성을 언급하신 것을 볼 때 이 교훈은 분명 널리 퍼져있는 사단의 교묘한 술수이

자 사상이라는 것을 알 수 있다. 이것을 미워하고 예수님의 마음과 같이 대적하는 일은 모든 교회의 사자들이 해야 할 중요한 행위인 것이다.

이제 다른 교회를 살펴보면 알겠지만 버가모 뿐만 아니라 다른 교회에도 니골라 당과 비슷한 교훈을 가진 많은 악한 세력들이 존재한다는 것을 알 수 있을 것이다. 니골라당의 교훈 및 그와 비슷한 사상들과 싸우는 일은 핵심적인 영적 전쟁이라는 점을 주님은 에베소 교회 사자에게 보내는 서신을 통해 말씀하신다.

하나님이 예수 그리스도를 통해 주신 구원의 은혜는 값을 매길 수 없을 만큼 귀하고 소중한 것이다. 우리 성도가 해야 할 일은 그저 구원의 은혜를 믿고 매일 믿음으로 간직하며 사는 것이다. 그 안에서 이뤄지는 십자가의 역사는 우리를 거룩하게 하며 하나님이 원하시는 모습으로 우리를 자라나게 하시고 온전하게 할 것이다. 이것을 하는 것만으로도 사실 우리에겐 버거운 일이다.

매일 죽어 자아의 생각과 욕심을 십자가에 못 박는 일이 우리 안에서 일어나야만 하는 것이다.

이것이 우리를 거룩하게 하시는 하나님의 방법이며 모든 사도들이 강조했던 바다. 이러한 일을 아예 할 수 없도록 미혹하는 교훈이 바로 니골라당의 교훈이며 이는 우리 성도들이 끝까지 대적해야 할 세력이라는 것을 주님의 말씀을 통해 알 수 있다.

Revelation

2장
귀 있는 자는

만일 너희 속에 하나님의 영이 거하시면
너희가 육신에 있지 아니하고 영에 있나니
누구든지 그리스도의 영이 없으면
그리스도의 사람이 아니라 롬 8:9

성령의 가르치심과 인도하심은
먼저 생각이 아닌 생명에 주어진다

앤드류 머레이-〈성령〉 중에서

성령님의 인도를 받는 것은
하나님의 자녀에게서 나타나는 특징이다

앤드류 머레이-〈나를 버려야 예수가 산다〉 중에서

문장의 선과 후

일곱교회의 서신의 특이점 중 하나는 '귀 있는 자는 성령이 교회들에게 하시는 말씀을 들을지어다'라는 구절이 이기는 자에 대한 말씀의 앞에 나오기도 하고 뒤에 나오기도 한다는 것이다.

에베소, 서머나, 버가모에서는 이 말이 앞에 등장한다. 두아디라, 사데, 빌라델비아, 라오디게아는 이기는 자의 조건 뒤에 이 말이 언급된다. 우선 각 일곱교회에 나오는 '귀 있는 자는 성령이 교회들에게 하시는 말씀을 들을찌어다'의 앞 뒤 사정을 살펴보자.

- 에베소 : 귀 있는 자는 성령이 교회들에게 하시는 말씀을 들을찌어다 이기는 그에게는 내가 하나님의 낙원에 있는 생명나무의 실과를 주어 먹게 하리라

- 서머나 : 귀 있는 자는 성령이 교회들에게 하시는 말씀을 들을찌어다 이기는 자는 둘째 사망의 해를 받지 아니하리라-서머나 교회의 경우 이 구절 앞에 특별한 상급을 언급하신다. 죽도록 충성하면 생명의 면

류관을 주신다는 말씀을 앞에 더하신다.

- 버가모 : 귀 있는 자는 성령이 교회들에게 하시는 말씀을 들을찌어다 이기는 그에게는 내가 감추었던 만나를 주고 또 흰 돌을 줄 터인데 그 돌 위에 새 이름을 기록한 것이 있나니 받는 자밖에는 그 이름을 알 사람이 없느니라

- 두아디라 : 이기는 자와 끝까지 내 일을 지키는 그에게 만국을 다스리는 권세를 주리니 그가 철창을 가지고 그들을 다스려 질그릇 깨뜨리는 것과 같이하리라 나도 내 아버지께 받은 것이 그러하니라 내가 또 그에게 새벽별을 주리라 귀 있는 자는 성령이 교회들에게 하시는 말씀을 들을찌어다

- 사데 : 이기는 자는 이와 같이 흰옷을 입을 것이요 그 이름을 생명책에서 결코 지우지 아니하고 그 이름을 내 아버지 앞과 그의 천사들 앞에서 시인하리라 귀 있는 자는 성령이 교회들에게 하시는 말씀을 들을찌어다

- 빌라델비아 : 이기는 자는 내 하나님 성전에 기둥이 되게 하리니 그가 결코 다시 나가지 아니하리라 내가 하나님의 이름과 하나님의 성 곧

하늘에서 내 하나님께로부터 내려오는 새 예루살렘의 이름과 나의 새이름을 그이 위에 기록하리라 귀 있는 자는 성령이 교회들에게 하시는 말씀을 들을찌어다(계 3:12)

- 라오디게아 : 이기는 그에게는 내가 내 보좌에 함께 앉게 하여 주기를 내가 이기고 아버지 보좌에 함께 앉은 것과 같이하리라 귀 있는 자는 성령이 교회들에게 하시는 말씀을 들을찌어다

요한계시록에서 가장 중요한 구절은 아마도 '귀 있는 자는 성령이 교회들에게 하시는 말씀을 들을찌어다'일 것이다.

누군가 성령이 하시는 말씀을 들을 수 있는 귀가 있다면 그는 교회의 구성원이라는 강력한 증거다. 구원도 또 구원 후에 일어나는 일 모두 성령의 음성을 듣고 행하는 것이 전부이기 때문이다.

선 구절 : 세 교회

· 생명나무의 과실
· 생명의 면류관, 첫째 부활의 참여(둘째 사망의 해를 받지 않음으로 첫째 부활에 참여할 수 있다)

- 감추었던 만나를 받고, 새 이름을 새긴 흰 돌을 받음
- 만국을 예수님과 함께 다스림, 새벽 별을 받음
- 흰옷을 입음, 생명책에서 이름을 지우지 아니함, 아버지와 천사들 앞에서 이름을 시인함
- 성전의 기둥이 되게 하여 다시는 나가지 않게 함, 이마 위에 하나님과 예수님과 새 예루살렘 성의 이름을 기록함
- 보좌에 앉게 하여줌

선 구절과 후 구절('귀 있는 자는 성령이 교회들에게 하시는 말씀을 들을찌어다'를 구절로 표현하기로 한다) 즉, 세 교회와 뒤의 네 교회에 나오는 이기는 자들의 상급을 가만히 살펴보면 재밌는 사실을 발견할 수 있다.

앞의 세 교회의 상급의 특징은 상급이 주어지는 사건이 단발적이며, 하나님이 지정하신 한 시점에 일어나는 일이고, 그 일은 지속해서 일어나지 않는다는 점이다.

생명나무의 실과는 우리가 세상에서 존재하는 교회의 구성원으로서 성령이 하시는 말씀을 듣고 살다가 때가 되어 주님을 보게 될 때 얻을 수 있는 것이다. 우리는 그것을 얻고 난 후에도 다시 얻기 위하여 성령의 말씀을 들을 필요가 없다. 이 세상의 삶을 살 동안 성령의 음성을 듣다가 죽어 그분의 은혜로 인해 얻는 단발적인 상급이자 구원의 확증이며 과정이자 방법이다.

또 서머나 교회 사자의 상급인 생명의 면류관은 이 구절 앞에 나오는 것이다. 뒤에 가서 더 다루겠지만 면류관은 사실 서머나 교회 모든 구성원에게 하신 말씀이 아니다.

이것은 전적으로 서머나 교회의 사자에게만 하신 말씀이다. 성령의 말씀을 듣고 살다가 예수님의 나라에 가서 면류관을 얻었다는 것은 그가 그 나라에서 영원히 다스릴 수 있는 권세를 얻었다는 것을 의미한다. 말하자면 그는 생명의 면류관을 얻고 나서도 계속 성령님과 동행하며 그의 음성을 따라 예수님과 함께 나라를 다스려야 한다.

그 나라는 하나님의 나라이고 따라서 예수님이 성령과 함께하심으로 다스리는 것과 같이 그도 성령의 뜻에 따라 나라를 다스려야 한다. 그렇지 않다면 나라의 질서는 무너지고 말 것이다. 서머나 교회 사자 개인적인 상급인 생명의 면류관은 그 때문에 구절의 앞에 나온다.

구절의 뒤에 나오는 서머나 교회의 상급은 둘째 사망의 해를 받지 않는 것이다. 이것 또한 단발적인 시기에 일어나는 일이다. 둘째 사망이나 첫째 부활은 다시는 일어나지 않으며 따라서 이러한 목적으로 성령의 음성을 듣는 일 또한 다시는 없을 것이다.

세 번째 교회인 버가모 교회의 상급을 보면 그것은 감추었던 만나와 새 이름을 새긴 흰 돌을 받는 것이었는데 이것은 일종의 자격증, 시민권 혹은 감추었던 진리를 열람할 수 있는 'ID'를 얻는 것이다. 이 또한 단발적인 일이다. 하늘의 시민권을 딴 후에 하늘나라에서 그것을 또 따기 위한 성령의 음성을 들을 필요가 없다는 것이다(이에 대하여는 뒤 버가모 장에서 더 설명하기로 한다).

우리가 반드시 알아야 하는 것은 하나님의 말씀은 정확한 목적 없이 절대 기록되지 않는다는 사실이다. 성령께서 우리에게 말씀하시는 것도 이와 같다.

만약 생명 나무의 실과를 먹어야 하는 일을 성취해야 한다면 성령께선 우리가 사는 동안 그것을 위해 열심히 우리에게 말씀하실 것이다. 하지만 그것을 다 성취하고 난 이후에도 성령은 이미 얻은 구원과 참여와 시민권을 위해 말씀하시지 않는다. 이미 얻은 것을 또다시 얻게 하려는 목적이 없기 때문이다.

후 구절 : 네 교회

그렇다면 뒤에 나오는 네 교회 상급의 특징은 반대일 것이다. 두아디라 교회를 보면 '만국을 다스리는 것'과 '새벽별을 받는 것'은 우리가 구원을 얻은 후에도 계속 성령의 음성을 들어야 할 수 있는 행위다.

만국을 다스리는 지혜는 오직 하나님의 뜻을 아시는 성령으로부터 공급받을 수 있다. 이 상급을 받을 때는 예수 그리스도의 온전한 나라가 세워진 상태일 것이며 여기에 참여하게 된 성도는 반드시 성령의 음성을 듣고 순종하며 나라의 운영에 참여해야 한다.

그렇게 할 수 없는 자는 구원의 문턱에 발도 들일 수 없으며 이 방법 외에는 하나님의 나라에서 살 수 있는 길이 없다. 성령의 음성을 듣지 않고 만국을 다스리는 것은 마치 공기 없이 숨을 쉬는 것과 마찬가지일 것이다. 따라서 이겨 승리하고 국정을 운영하는 그들에겐 성령의 음성을 듣는 일이 여전히 필요하다.

'새벽 별'은 어떤 것을 의미하는 걸까? 언뜻 보면 이 별을 받는다는 상급은 단발적일 것 같지만 그렇지 않다. '새벽 별'은 동트기 직전에 뜨는 별이다. 모든 어둠을 지나고 나서야 볼 수 있는 별. 성경은 이 별을 예수님 자체로 비유하기도 한다. 즉, 어둠을 다 지나고 볼 수 있는 예수 그리스도라는 희망이 새벽 별로 비유되었다고 볼 수 있다.

별은 태양의 빛을 받아 항상 빛나야만 한다. 예수님의 희망을 받아 밤을 비추는 별이 새벽 별인 것이다. 그 희망은 우리가 구원을 받은 후 만국을 다스리는데 반드시 필요하다. 나라를 통치하는 이념이자 국기와 같은 것이라고 할 수 있기 때문이다.

그러나 이것은 지상에서처럼 그저 걸어두고 보는 깃발 같은 것이 아닐 것이다. 언제나 살아 움직이고 빛을 비추어 나라의 이념이 되고 통치하는 자의 이념이 되고 백성의 이념이 되어 함께 희망을 품고 살아가야만 하는 영원한 이념이다. 하나님의 영광에도 여러 종류가 있듯이 빛을 내는 별에도 각각의 영광이 따로 존재한다고 성경은 말한다. 그러한 영광의 빛, 희망의 이념인 새벽별은 성령과의 동행없이 빛을 발할 수 없을 것이다. 그 빛은 영원한 것이며 따라서 새벽별을 받은 후에도 성령의 음성을 듣는 일은 여전히 필요하다.

사데 교회를 살펴볼까? 이 교회의 상급 또한 언뜻 보면 단발적인 구원을 놓고 한 말씀 같다. '흰옷을 입다', '생명책에 있는 이름을 지우지 않고 예수님이 아버지와 천사 앞에서 그 이름을 시인하는 것' 등의 일은 딱 한 번 일어나는 일인 것 같지만 아니다. 왜냐하면 여기서 성도가 입어야 할 흰옷은 거룩함을 상징하기 때문이다.

뒤에서 더 다루겠지만 계시록에서 흰옷은 예수님의 피로 씻긴 성도들의 옳은 행실을 의미한다(계 19:8). 한 마디로 예수 그리스도라는 의를 믿어 우리도 의로운 행위를 하는 데 동참하고 그것이 우리가 둘러서 입는 옷이 되는 것이다.

'둘러 입다'라는 말인 '$\pi\varepsilon\rho\iota\beta\acute{\alpha}\lambda\lambda\omega$'는 앞서 나온 '위에서 내려 입다'의 '$\varepsilon\nu\delta\acute{\upsilon}\omega$'와 다르게 스스로 해야만 하는 행위다. 니골라 당의 교훈에서 다룬 바와 같이 이 땅에서 우리는 구원을 얻었을지라도 매 순간 거룩함을 향해 스스로 주님께 구하고 그 능력을 갈구해야 한다.

성령이 원하시는 바를 따르며 자신의 자아를 부인하고 그 욕망을 십자가에 못 박아야 하는 것이다. 그의 단발적인 구원이나 위에서 내려오는 능력은 온전히 주님께서 입혀주시는 'ἐνδύω'(enduo-위에서 내려 입다)의 개념이지만 매일 십자가에 앞에 의지적으로 나아가야 하는 믿음의 행위는 'περιβάλλω'(peribalo-둘러서 입다)처럼 스스로 해야만 하는 일인 것이다.

우리가 하늘나라에 입성했다는 것은 그 거룩함을 우리 안에서 지키어 그의 나라에 들어갔다는 뜻이다. 또한 우리는 하늘나라를 간 이후에 결코 내 마음과 욕망대로 살아갈 수 없다. 성령이 원하시는 깨끗함과 거룩함을 추구하며 살아가야만 하는 것이다. 그렇게 하고자 하는 자들만이 들어갈 수 있는 나라가 주님의 나라가 아니면 어떤 곳일까.

우리가 하늘나라에서 하는 일은 매우 다양하리라 믿는다. 만국을 다스리거나 통치하는 일뿐 아니라 개인적으로도 행해야 하는 일이 스스로 성령 안에서 거룩함을 지키는 행위리라 믿는다. 이는 어렵지 않을 것이다. 그때는 우리의 육이 사라지고 천사나 혹은 신과 같은 존재로 살아가기 때문에 육의 욕망이 유혹하는 일은 없을 것이다.

그러나 영원 속의 우리의 모습은 매일 성령과 동행하며 의지적으로 거룩함을 추구하는 모습으로 살아가게 될 것이다. 마치 성인이 되어 당연히 이를 닦고 매일 씻는 것처럼 말이다.

그러한 우리의 행위는 우리의 이름을 절대 생명책에서 지워지게 하는 일이 없게 할 것이다. 사데 교회를 다룬 장에서 더 설명하겠지만 '흐리게 하다'라는 헬라어의 뜻은 '덧칠을 하여 흐리게 하다', '더럽히다'라는 의미다. 즉, 이름 자체가 흐릿해지는 것이 아니라 그 사람의 행위가 이미 얻어진 구원을 흐리게 할 수 있다는 말이다.

그 때문에 생명책에 그 이름을 지우지 않는다는 의미 또한 더 이상 흐리게 할 더러운 행위를 앞으로 영원히 하지 않게 할 것이라는 의미도 담겨있다. 성령이 그와 함께하시고 그의 말에 귀를 기울이며 살게 될 것이기 때문이다. 또한 천사들과 아버지 하나님 앞에서도 부끄럽지 않고 매일 그 분의 은혜에 감동할 수 있는 시간을 누릴 수 있을 것이다.

이것이 우리가 흰 옷을 입은 후에도 여전히 성령의 음성을 들어야 하는 이유다.

빌라델비아 교회에게 허락하신 상급은 이기는 자로 하여금 성전의 기둥이 되고 다시는 나가지 않게 하며 하나님의 이름과 예수님의 이름과 새 예루살렘의 새 이름을 이마 위에 새긴다고 약속하신다.

빌라델비아 교회 사자의 말씀은 자세히 들여다보면 그가 선천적으로 받은 능력이나 상급의 부분에서 그는 매우 측은한 사람이라고 할 수 있는 부분이 많다.

우선 그는 '적은 능력'을 가진 사람이다. 한 교회의 사자라고는 하나 교회를 운영할 만한 능력이 그다지 출중한 사람이 아니었다는 뜻이다. 그는 에베소 교회의 사자처럼 강인한 인내력도 뛰어난 분별력도 없는 사람이었다. 그렇다고 그가 넘어지지 않았던 사람도 아니었다. 그는 하나님이 다시는 나가지 못하게 하신다고 할 만큼 세상에 있을 때 세상과 교회를 들락거리던 사람이었을 수 있다.

교회를 다니는 사람 중에서도 우리가 생각할 때 믿음도 없어 보이고 끈기도 없어 보이고 마음의 상태나 생각이 정말 연약해 보이는 사람, 교회의 골칫거리라고 생각되는 그런 사람이 있다.

빌라델비아 교회의 사자는 그와 같은 사람이었을 것이다. 실수도 잦고 넘어지기도 하며 속기도 하고 때론 방황하기도 했던 그의 적은 능력을 하나님은 알고 계셨다. 많이 받은 자에게 많이 찾으시고 적게 받은 자에게 적게 찾으시는 것처럼 그는 적게 받았기에 하나님이 적게 요구하신다.

오죽하면 그의 상급이 '이제 다시는(again) 네가 하나님의 성전에서 나가지 못하게 할 것이다'일까.

그를 못 나가게 하시기 위해 성전의 기둥이 되게 하시고 이마에 아예 하나님의 이름과 예수님의 이름과 새 예루살렘의 이름을 새겨 빠져나가지 못하게 하실 것이라 선포하신다. 얼굴에 이름-나는 하나님의 것이다- 이 대문짝만하게 새겨졌는데 어떻게 예루살렘 바깥으로 다시 나가서 살 수 있을까.

하나님은 그 종이 일한 것도 많지 않고 실수도 잦고 넘어짐도 많았다는 것을 아신다. 그런데도 그를 계속 격려하신 이유는 그가 적은 능력을 가졌기 때문이었다. 적은 능력을 가졌기 때문에 실수도 잦았다.

천로역정에 나오는 '약한 믿음'이라는 사람처럼 성경의 아는 지식도 적고 따라서 설교의 능력도 부족하고 교회를 지킬만한 분별이나 은사도 많지 않았다. 그래서 한 교회를 지키지도 못하고 거리를 떠돌았을 수도 있었을 것이다. 그런데도 '약한 믿음'이 약속의 두루마리만큼은 팔지 않고 천성을 향해 갔던 것처럼 그 마음의 깊은 중심은 여전히 하나님의 의이신 예수님을 붙잡고 있었다.

예수님은 그것 하나만 보시고 그를 구원하시고 건지시며 그를 나라의 기둥이 되게 하셨다. 그런 그가 하나님의 나라에서 영원히 살아야 한다. 육을 가졌으므로 인해 오는 유혹은 없겠지만 영원 속에서 그는 자신의 연약했던 믿음이 이제는 더 이상 연약하지 않음을 매일 확인할 수 있다. 주님의 은혜로 말이다.

성령의 지속적인 음성을 들으며 그 나라에 자신이 영원히 속해야만 하는 사람임을 인식하는 것이다. 어떤 사람이 만약 미국인인지 한국인인지 정체성에 혼란을 겪으며 살아가다가 어느 순간 완전히 결정되어 한국인으로 살아간다면 그는 살아가는 동안 앞으로도 그가 더 이상이 미국인처럼 살지 못하고 한국인임을 인식하며 살아가야 하는 것과 같다. 물론

이 비유가 완전히 들어 맞는 것은 아니다.

왜냐하면 그때는 우리의 상태가 온전히 영의 상태일 것이기 때문이며 시간의 지속성 또한 느낄 수 없을 것이기 때문이다.

어쩌면 이 말씀은 그에게 상당한 위로의 말씀일 것이다. 세상에 있을 때 한 것도 없는 그가 하늘나라를 위해 세상에서 열심히 일하고 왔던 종들에 비해 그는 너무 보잘 것 없는 사람이라고 스스로 생각할 것이다.

과연 내가 이 나라에서 이렇게 있어도 되는지 생각하며 부끄럽다고 느낄수도 있을 것이다. 하나님의 붙드심 하나로 질질 끌려오다시피 한 그의 삶은 절대 그 나라에 맞을 것 같지 않다. 하지만 주님은 계속 그에게 강조하신다. '아니다. 넌 나의 백성이고 이곳의 기둥이다. 그러니 걱정 말아라.'

성령은 우리의 정체성 그 자체다. 우리가 어느 나라 사람인지를 말해주는 음성이다. 성령의 음성을 듣는다는 것 자체가 영원 속에 거하는 우리의 신분이 어떠하다는 것을 알게 되며 그로 인해 안심하게 되고 위로를 얻게 한다. 우리가 기둥이 되어야 하고 새 이름을 부여받고 나서 우리 안에서 역사하시는 성령의 일이 그러할 것임을 주님은 말씀을 통해 알려 주신다.

성령이 주시는 하나님의 자녀로서의 담대함은 우리가 영원히 가지고 가야 할 정체성이며 지속해서 인지해야 하는 일이다.

마지막으로 라오디게아 교회의 상급. 이것은 말할 것도 없다. 보좌에 앉게 하여 주겠다는 말은 예수님과 함께 통치의 자리에 앉히겠다는 뜻이다. 그 어떤 상급보다 막강한 권력이 부여되는 약속이며 그 누구보다도 성령의 음성을 지속해서 듣는 일이 필요한 약속이다. 그 자리에 앉아 예수님이 통치하시는 것처럼 성령의 음성을 듣고 나라를 통치해야 하는 것이다. 이 구절이 후에 나와야 하는 이유다.

앞의 세 교회에서는 구절이 앞에 나오고 뒤의 네 교회에서는 구절이 뒤에 나오는 것은 또 다른 의미를 지닌다. '3'이란 숫자는 성경에서 강력한 연합을 상징한다.

이것은 하나님, 예수님, 성령님 세분이 연합하여 일하신다는 것을 뜻하고 우리의 의지와 연합하여 일하신다는 것을 의미한다.

또한, 4는 사방 즉, 세상을 뜻한다. 앞으로 일어날 하나님의 세상에서도 이 연합은 여전히 지속될 것이며 우리의 의지 또한 이 연합에 동참하게 될 것이다.

또 신기한 것은 2장은 '네 교회'가 3장은 '세 교회'의 이야기가 담겨 있다. 하나님과 인간의 연합, 하나님의 세상과 인간의 세상이 공존하는 완벽한 세계가 성도들을 기다리고 있다는 것을 보여주는 게 아닐까.

이런 암호 같은 구성을 보면 그분의 진리는 성도인 우리의 마음을 참으로 설레게 한다.

정리해 보면, 이 연합이 이끌어 내는 일은 구원의 방법과 과정(생명나무의 과실), 구원의 확증(첫째 부활 참여), 시민권의 부여(흰 돌과 만나 제공) 같은 단발적인 사건뿐 아니라 영원 속에서 일어날 일인 나라를 다스리고(만국을 다스림), 희망의 푯대를 매일 자각하고 성도의 마음에 국기를 세우고(새벽 별을 줌), 거룩한 행실 가운데서 행하고(흰옷을 입음, 이름을 지우지 않음), 매일 은혜의 보좌 앞에 나아가 영광을 누리고(예수님이 아버지와 천사 앞에서 그 이름을 시인함), 나라의 일원으로서 당당하며(하늘나라의 기둥이 되고, 그 이마에 나라의 새 이름이 새겨짐), 예수님과 함께 통치하는(보좌에 함께 앉음) 영원한 나라의 지속적인 사건들이 될 것이다.

　'귀 있는 자'가 '성령의 음성을 듣는 일'은 하나님의 의지와 우리의 의지가 함께 일한다는 말씀이다. 하나님의 선택과 우리의 선택, 그 선택의 연합이 유혹이 있는 땅에서도 유혹이 없는 하늘에서도 이뤄져야 하며 그러한 아름다운 일은 영원히 일어나게 될 것이다.

　하나님의 전능하심은 성령의 음성을 듣는 일을 통해 우리를 구원으로 이끄시고 거룩함으로 이끄시어 성령의 음성을 듣고 순종하는 그 일이 사람에게 더 이상 힘들지 않게 되는 완전한 상태로 이끄실 것이다.

　예수님이 죽어 부활하시고 승천하신 후 다시 오셔서 심판하시는 것은 그의 영원한 나라를 세우기 위해서다. 우리는 그 안에서 영원한 영광을 누리며 살아갈 백성으로 택함을 받았고 이것은 기적과 같은 것이다.

은혜를 받은 자로서 또 나라의 일원으로서 이 땅에서 우리가 해야 할 유일한 일은 성령의 음성을 영적인 귀로 듣고 분별하는 연습을 하고 또 믿음으로 그것을 행하는 것이다.

성령은 우리를 예수 그리스도의 제자로 만드실 것이며 사는 동안 십자가로 매일 우리를 이끄실 것이다. 그의 거룩함에 참여하게 하시는 연습을 날마다 이루실 것이고 이겨 승리하는 자로 하나님의 나라에 서게 할 것이다.

그날에 서는 우리의 영혼은 더 이상 성령과 다투지 않을 것이다. 거룩함 안에서 진심으로 기뻐하며 완전한 선이신 하나님과 합하여 온전한 즐거움에 참예할 것이다. 우리에게 결국 주어지는 가장 큰 상급은 '귀 있는 자들로서 성령의 음성을 듣는 일'이 아닐까.

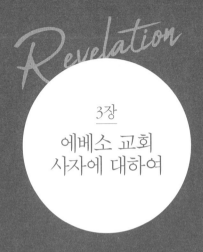

Revelation

3장
에베소 교회
사자에 대하여

너의 처음 사랑을 버렸느니라 계 2:4

잃어버렸던 두루마리를 되찾은 기쁨을
어디다 비할 수 있으랴!
그건 생명을 보장하고 새 예루살렘 성에
들어갈 길을 열어주는 보증서였다.

존 번연 – 〈천로역정〉 중에서

✝ 모든 교회를 향하여

우리는 다른 여섯 교회를 살펴보기에 앞서 에베소 교회 사자에게 말씀하신 것들을 매우 신중하게 새기며 기억할 필요가 있다. 앞서 말한 것과 같이 에베소 교회 사자에게 하신 예수님의 말씀은 모든 교회의 구성원이 알아야 할 중요한 진리들이 기록되어 있다. 정리해보자.

· 교회는 인내하는 공동체다(에베소: '인내'라는 뜻).
· 예수님은 모든 교회의 사자들을 붙잡고 계시는 분이다(일곱 별을 붙잡고).
· 예수님은 모든 교회를 감찰하시고 보호하시는 분이며 교회의 권세를 쥐고 있는 분이다(일곱 촛대를 거니시고, 네 촛대를 네게서 옮기리라).
· 예수님은 성도의 행위를 아신다($o\hat{i}\delta a$의 첫 글자를 소문자로 기록).
· 성도의 모든 행위는 예수님과의 사랑에서부터 비롯되어야 한다(첫사랑을 잃어버렸다).
· 복음이 강조하는 십자가의 능력이 우리의 삶에서 매일 이뤄져야 한다(기억하고 회개하라, 니골라당의 행위를 미워하라).
· 성령의 음성을 듣고 순종해야 한다(귀 있는 자는 성령이 교회들에게 하시는

말씀을 들을지어다).

· 예수님의 붙드심과 그것을 느끼는 사랑의 충만 그리고 성령의 음성을 듣고 믿음으로 순종하며 매일 십자가로 인해 거룩함을 연습하는 이것이 우리의 구원을 이룰 수 있다(이기는 자에게는 생명 나무의 실과를 주리라).

에베소라는 이름의 뜻을 먼저 짚어보자.

교회는 한 마디로 **인내로서 믿음을 경주하는 공동체다**. 모든 믿음의 조상들은 그들의 인내로 하나님을 향한 믿음을 드러냈다. 아브라함은 35년, 요셉은 13년, 모세는 40년, 믿음으로 인내한 사람들의 예를 들자면 셀 수도 없다.

이스라엘 백성은 430년을 애굽의 노예로 살았고 삼일이면 갈 수 있는 길을 40년 동안 돌았다. 스스로 인내할 수 없다면 하나님은 반드시 교회로 하여금 인내할 수밖에 없는 길로 인도하신다.

하나님과 연결될 수 있는 시간은 현재뿐이다. 과거도 미래도 아니다. 지금, 이 순간에 하나님을 만날 수 있다. 그분의 영원과 연결될 수 있는 통로이기 때문이다. 우리는 그분의 시간과 때를 인지할 수 없지만 그분은 우리가 시간 속에서 흐르며 진행되는 우리의 변화를 관찰하실 수 있다. 즉, 그 분은 우리와의 쌓이고 쌓이는 현재의 교제를 통해 그분의 구원을 확증하시고 또한 믿음을 자라나게도 하시며 우리 안에서 거룩함의 지경을 넓혀 나가신다. 성도들에게 인내하는 현재의 시간이 필요한 이유다.

하나님은 인간이 절대 시간의 흐름 없이는 훈련될 수 없다는 것을 아신다. 대개 나이 많은 자가 어린 자보다 더 지혜롭고 통찰력이 있는 이유다. 교회라는 공동체가 행동으로 나타낼 수 있는 유일한 일은 믿음을 가지고 '인내'하는 것 외에는 없다. 그 인내의 끝에 결단하여 전쟁도 하고 떠나기도 하며 달려가기도 한다.

예수님은 그분의 사명을 알고 계셨다. 공생애를 지나야 하고 그 끝에 십자가를 지셔야 하는 일이 자신의 사명임을 알았다. 그러나 그분은 절대 자신이 원하는 시간을 따라 행하지 않았다.

예수님은 부모 밑에서 30년을 기다리셨으며 삼 년 반을 일하시다가 하나님의 때를 기다려 십자가를 지셨다. 성령의 역사인지 악한 영의 역사인지 아는 일은 간단하다. 그때가 하나님이 원하시는 시간인지 아닌지를 보는 것이다. 사울이 버림받은 이유는 그가 하나님의 때를 기다리지 못했기 때문이었다.

전쟁은 타이밍이다. 작전을 행하는 데 있어 타이밍을 지키는 것은 매우 중요하다. 전쟁의 승패를 가르기 때문이다. 하나님이 우리에게 인내를 통하여 훈련하시고 인내하는 사람이 되게 하시는 이유는 교회가 하나님의 정확한 타이밍을 믿음으로 기다려 승리해야 하기 때문이다.

사울은 교회의 리더로서 선택을 받았으나 교회 전체를 패배하게 할 수 있는 사람이었다. 하나님이 사울을 버리시고 다윗을 택한 이유다.

당시 교회는 이스라엘 백성 딱 하나밖에 없었다. 최초의 왕을 선택하는 일은 매우 신중해야 했다. 누구를 선택하느냐에 따라 앞으로 일어날 모든 구원의 라인이 끊어질 수도 이어질 수도 있었기 때문이었다.

이스라엘 최초의 왕은 그만큼 중요한 자리였고 하나님은 가슴이 아프지만 사울을 버리실 수밖에 없었다. 우리 이방인들이 받은 은혜는 그래서 더더욱 값지다. 그들의 일부가 버림받고 고난받고 인내함으로 인해 우리는 예수님의 구원을 거저 받을 수 있었기 때문이다.

예수님이 진짜 믿음의 본이 되시는 이유는 그가 세상에 계실 때 인내로서 하나님에 대한 믿음을 드러내시기도 했지만, 그가 맡으실 나라가 있다는 것을 아심에도 서두르지 않고 지금까지 기다리시는 인내가 있기 때문이다.

교회라는 공동체는 그렇게 인내하시는 예수님의 행적을 모방하는 형제들의 모임이다. 따라서 인내하는 믿음이 그리스도인들이 할 수 있는 행위의 가장 기본적인 법칙이며 전부임을 알아야 한다. 에베소라는 지역의 이름이 우리에게 의미 있는 이유다.

예수님의 아심

'안다'가 소문자로 적힌 의미는 앞에서 설명한 바 있다. 에베소 교회 사자에게 말씀하신 모든 메시지가 나머지 교회 사자들과 성도들에게도 적용되는 보편적인 진리이기 때문이다.

예수님은 성도들의 모든 것 즉, 그의 행위들 및 그가 가지고 있지 않거나 가지고 있는 것들-실제적 행위뿐 아니라 마음에 있는 중심, 그의 영적인 상황과 육적인 상황 모두를 아신다.

이러한 사실은 예수님이 우리를 지키시는 데 있어 매우 중요한 요소다. 적을 알고 나를 알아야 이긴다는 말이 있다. 우리 안에 세워진 하나님의 나라를 지키기 위해서 그분은 모든 것을 동원하신다.

이를 위해 목숨을 내놓으신 그분은 이기기 위해 에베소 교회뿐 아니라 다른 모든 교회의 상황과 우리 개인의 모든 상황을 정확하고 세밀하고 완벽하게 아셔야 한다.

이 때문에 예수님이 우리에 대하여 '아신다'는 말은 다른 사람이 우리를 안다는 말과는 차원이 다르다. 때론 우리가 대면하기 싫은 부분까지도 아신다는 것이 우리에겐 커다란 부담으로 다가올 것이다. 그럼에도 불구하고 우리는 거룩함을 누리기 위해 그분이 독한 말로 우리를 채근하실지라도 받아들일 수 있는 준비를 해야 한다.

그분은 우리의 폐부를 다 볼 수 있는 의사와도 같다. 우리는 예수님의 '아심'을 통해 감기를 대면할 수도 있지만 암 덩어리를 대면할 수도 있고 전혀 생각지 못했던 영적인 질병을 마주할 수도 있다. 아니, 정확하고 잔

—
144

인하게 말하자면 **우리는 매번 죽음을 마주해야 한다.**

그분이 알고 있는 우리들의 악은 절대 대충 어찌어찌해서 고쳐질 것이 아니라 완전히 십자가 위에서 죽어야 하는 것이며 예수 그리스도의 죽음으로 완전히 태워져야 하는 것이다. 그분의 아심을 우리가 안다는 것은 이제 십자가 앞에서 우리의 마음이 죽을 준비가 되어야 한다는 것을 뜻한다.

완전한 회개 없이 우리의 죄는 처리되지 않기 때문이다.

그러나 주님은 우리의 연약함도 아시기에 우리로 하여금 그 일을 할 수 있도록 도우신다. 그분도 십자가의 고통을 아시고 죽음의 고통과 두려움을 지나 그 자리에 앉으신 분이시기에 그것을 마주 대하는 것뿐 아니라 처리하는 일이 얼마나 어려운지 이해하신다.

우리의 죄를 시인하고 그것을 가지고 십자가 앞에 가는 것이 얼마나 힘든지를 아시는 것이다.

그 때문에 그는 오른손에 그의 종들을 붙잡으시며 교회를 도우신다. 이것이 우리가 승리할 수 있는 첫 번째 과정이다.

첫사랑

우리가 기억해야 할 승리의 과정엔 순서가 있다. 그것은 우리가 먼저 그를 사랑한 것이 아니라 그가 우리를 먼저 사랑했다는 것이며 우리가 먼저 그를 붙잡은 것이 아니라 그가 먼저 우리를 붙잡았다는 것이다.

예수님의 오른손의 일곱별은 주님이 먼저 종들을 택하시고 붙잡으셨다는 것을 보여준다. 종이 교회의 사자로 부름을 받은 것도 종이 먼저 선택해서가 아니라 예수님이 그에게 은혜를 주셔서 부르셨기 때문이며 종이 교회를 능히 운영하는 것도 예수님이 그에게 능력을 허락하셨기 때문이다.

또한 그에게 능력을 허락하신 이유는 그가 예수님을 사랑할 수 있게 되었기 때문이다. 사랑은 짝사랑을 두고도 사랑이라고 하지만 그것을 완성이라고 하지 않는다. 사랑은 서로 해야 사랑이다.

첫사랑은 짝사랑이었던 한쪽 사랑이 쌍방으로 흘러가고 있다는 처음 신호. 이 사랑이 있을 때 에베소 교회 사자가 한 행위의 중심은 모두 예수님께 있었다. 그 행위가 예수님에게서부터 온 것임을 느끼고 감사할 수 있는 건 실제 그렇기 때문이기도 하지만 그가 주님을 사랑했기 때문이다.

수고하고 인내해도 예수님, 낙심하지 않는 이유도 예수님, 분별하여 거짓되고 악한 사람들을 가려내는 이유도 예수님 때문이다. 하지만 예수님은 에베소 교회 사자가 어느 순간, 이 사랑을 어디다 버렸는지도 모를 만큼 잃어버렸다고 말씀하신다.

이것은 모든 교회가 기억해야 할 가장 중요한 주님의 '아심'이다. 아무리 수많은 사람이 그 종을 통해 돌아왔다고 해도, 아무리 많은 일을 했어도 사랑을 잃어버린다면 소용이 없다.

예수님과 나눈 사랑은 모든 사역의 시작이자 원동력이며 그 자체로 교회를 세우는 중요한 일이기 때문이다.

그 교회에 예수님이라는 간판을 내걸 수 있는 이유도 사랑이고 그 교회가 예수님의 교회라는 증거도, 그가 예수님의 종이라는 증거도 모두 그 안에 있는 사랑이다. 이 사랑만이 예수님과 함께 영광을 누리게 하며 하나님의 뜻에 따라 교회가 자라고 성장할 뿐 아니라 승리하게 하기 때문이다.

종이 가진 예수님과의 첫사랑은 교회의 영적인 성장을 지탱하는 힘이다. 이러한 사실은 비단 에베소 교회에만 적용되는 진리가 아니다. 나머지 여섯 교회가 반드시 기억해야 할 가장 중요한 진리다.

니골라 당의 교훈

예수님의 사랑의 진리를 대적하는 사단의 영적인 분파가 있다. 예수님은 그것을 니골라 당, 발람의 교훈을 가진 자들, 이세벨과 함께 한 종들이라고 표현하신다. 그들의 공통점은 교회의 구성원인 것 같으나 아닌 자들, 복음에서 구원과 자유만 취하고 거룩함과 십자가는 내팽개치는 왜곡된 복음의 교리를 가르쳤다는 점이다.

예수님은 이러한 왜곡된 복음을 가진 자들을 강하게 대적하신다. 심지어 그분은 그들을 '미워하신다'고까지 말씀하신다. 우리는 예수님의 이런 강한 발언에 귀를 기울여야 한다.

복음은 우리의 육체가 편리하라고 만들어진 것이 아니다. 우리가 육적으로 완전한 행복에 이르기 위해 만들어진 것도 아니다. 도리어 복음은 우리 자아가 주장하는 모든 것을 부인해야 한다고 외치며 죽음으로 값을 치르라고 말한다.

그것도 매일 그래야만 한다.

대신 그 값을 치르는 분이 예수님이시고 우리는 그저 그것을 그 앞에 가져가 주님과 같은 마음으로 죽어 값을 치르는 행위를 하는 것이다. 즉, 우린 매일 믿음으로 죽고 다시 그분 안에서 살아간다.

구약의 율법은 양이나 제물로 그것을 대신했지만 이제 우리에겐 영원한 대제사장이신 예수님이 있다. 우리의 믿음의 행위라는 것은 자발적으로 예수님 앞에 우리의 죄를 가지고 가 우리의 욕심이 잉태한 것을 죽여달라고 말하는 것이다.

이것이 우리에게 남겨진 영적인 싸움이며 우리가 예수 그리스도에게까지 자라 성장하여 그 사랑의 높이와 깊이와 넓이와 길이를 아는 과정이다. 구원을 받고 거듭난 후에도 우리는 예수님과 함께 동행하며 의지적으로 성령의 음성에 순종하는 법을 배우며 살아가야 하는 것이다.

단지 구원만 얻고 그저 젖만 먹는 갓난아이처럼 살아가려는 사람이 있다면 반드시 사단의 노림수에 놀아날 뿐 아니라 영적인 생명을 놓치게 될 것이다. 예수 그리스도의 피로 인해 초대를 받은 많은 자들 중에 택함을 입은 자가 적은 이유다.

그의 사랑과 구원이 우리의 삶 전체에 영향을 미친다는 것을 우리가 깨닫는다면 니골라 당이 말하는 거짓과 왜곡된 복음은 단호히 대적해야 하는 세력이라는 것을 알게 될 것이다. 니골라당은 모든 교회가 주목하고 대적해야 할 악한 세력이다.

듣는 귀

성령의 음성을 듣는 귀를 가진다는 것은, 주님의 택함을 확증하는 반복적인 연습이다. 이 연습을 하면서 우리가 받은 구원을 지켜내고 결국 생명 나무의 과실을 먹게 될 것이다. 하늘에서 살아갈 수 있다는 첫 번째 비유, 생명 나무의 과실은 모든 교회가 먹어야만 하는 중요한 열매다.

과실을 먹을 수 있는 자격은 성령의 음성을 들을 수 있는 귀가 있는 사람에게 주어진다. 예수 그리스도만 알고 성령을 모른다는 것은 있을 수 없는 일이다. 그것은 곧 예수님이 그 안에 없다는 것을 인정하는 것이다.

성령이 없으면 하나님의 뜻을 모르고 하나님의 뜻을 모르는 자는 예수님이 누군지도 모르는 사람이다. '안다'는 개념은 단지 지식적으로 아는 경우도 있지만 예수님과 안다는 것은 개인적으로 친분이 있는 것을 넘어서서 그분과 친밀한 관계에 있다는 것을 의미한다. 그분과 친분이 있다는 것은 그분이 하시는 말씀에 기꺼이 귀를 기울일 의사가 있다는 것을 뜻하며 따라서 그는 성령의 음성을 들을 수 있는 귀가 있는 자여야 한다.

그분이 우리가 사는 날 동안 성령의 음성에 귀 기울게 하시는 이유는 무엇보다도, 구원을 위함이기도 하지만 우리가 이 땅에서도 하늘에 속한 사람처럼 살게 하기 위해서다. 그분의 선하심을 알고 선하심으로 채워나가며 우리 안의 의지가 믿음으로 단련되어 온전하여지길 원하시기 때문이다.

이러한 사역은 각 사람에게 주신 능력에 따라 이루실 것이다. 두 달란트를 받은 자에게는 그만큼의 결과를, 다섯 달란트 받은 자들에겐 그만큼의 결과를 셈하실 것이다. 우리는 이 모든 것이 어떠한 결과로 나타날지 모른다.

그저 성령이 우리 안에서 역사하시도록 믿음으로 얼마나 우리 자신을 드리느냐가 중요하다. 또한 예수님이 우리에게 주신 구원을 얼마나 소중하게 생각하느냐가 성령의 음성에 귀를 기울이는 중심으로 나타난다.

무엇보다도 중요한 것은 악한 세력은 우리를 한 시도 가만 놔두지 않을 것이라는 사실이다. 할 수만 있다면 택하심을 얻은 자들도 그 택하심을 받지 못하도록 끈질기게 싸움을 걸 것이다.

인간은 시간을 지나야 하고 악한 영은 시간을 활용하여 우리를 매 순간 미혹하기 위해 기회를 엿본다. 인생은 그 자체가 전쟁이다. 성령은 우리가 세상에서 미움을 받고 고난을 받을지라도 그것을 이기고 견딜 수 있는 힘을 제공하시며 피할 길을 알리시고 무엇이 하나님의 방법인지를 알려주시는 지혜의 영, 예언의 영, 대언의 영이시다.

성령의 음성에 귀를 기울이는 사람들이야말로 모든 유혹에서 기꺼이 벗어나 예수님을 선택한 사람들이라고 할 수 있다. 모든 것을 다해 예수님을 사랑하는 사람들이다. 모든 것을 팔아 진주 한 알을 사고, 모든 재산을 팔아 진주가 묻혀있는 밭을 사는 사람들이다.

진주를 얻으려면 모든 것을 팔아야 한다. 지금 가지고 있는 재산을 다 팔아야 한다는 말이 아니다. 내가 가장 놓기 싫어하는 나의 욕심을 내려놓아야 한다는 것이다. 우리가 가지고 있는 대부분의 것들은, 한 톨도 빼놓지 않고 모두 지옥으로 들어가야 하는 것들이다(조지 맥도날드).

죽은 후 생을 돌아보았을 때 우리가 얼마나 쓸모없는 것을 두 손에 꽉 쥐고 있었는지를 미리 보는 시야가 열려야 한다는 의미다. 그러나 이것도 단번에 이뤄질 수 없다는 것을 아시기에 우리를 걱정하시고 아끼시는 예수님이 성령으로 우리에게 임하셔서 점진적으로 그 일을 이루실 것이다.

성령의 음성을 듣는 행위는 예수님의 가치를 안다는 뜻이다. 그 가치를 진심으로 아는 자는 예수님의 사랑을 꽉 붙들고 놓지 않는다. 그것을 놓지 않기 위해 성령의 음성에 미친 듯이 귀를 기울인다. 또한 그분이 교회 가운데 계심을 믿고 그것이 때론 의심이 될지라도 그 의심과 자신의 욕망을 매일 십자가 앞으로 가지고 가게 될 것이다.

거룩함을 쓰레기 취급하고 갈 2:20절의 말씀, '예수 안에서 죽고 그 믿음 안에서 사는 일을 무시하거나 매일 죽어야 한다'는 바울의 말을 제하는 자는 결코 생명 나무의 실과를 얻지 못할 것이다. 하나님은 우리 안에 있는 욕망의 털끝과도 타협하실 생각이 없으시다.

예수님의 진심을 알고도 짓밟는 자는 다시는 사함을 얻지 못한다. 복음의 가치와 귀함을 소중하게 여기는 자들만이 주님의 나라에 참예하게 되리라 믿는다. 현재의 교회든 미래에 있을 교회든 에베소 교회의 말씀에 모두 귀 기울여 마음의 판에 새겨야 하는 이유가 여기에 있다.

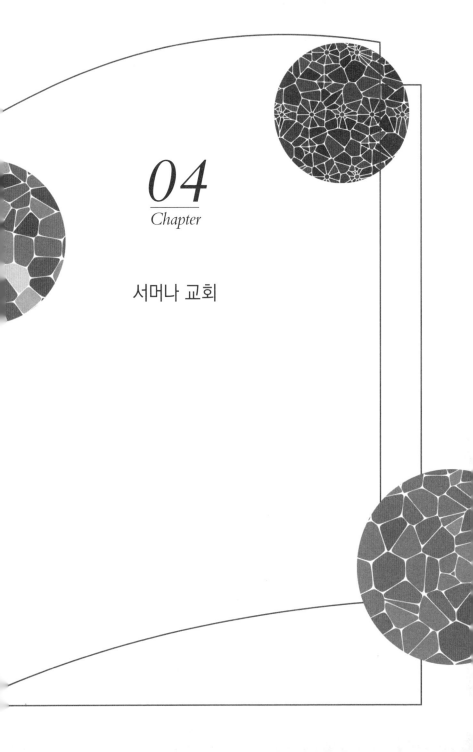

04
Chapter

서머나 교회

Revelation

1장
처음이요
마지막이니

나는 알파와 오메가요 처음과 나중이요
시작과 끝이라 계 22:13

분명히 말하거니와 그 나라는 인류가 존재한 이래,
아니 그 이전에 이미 존재해 왔다. 다만 기름부음
받은 자이신 예수의 공생애를 기점으로 그분을 향한
단순한 믿음을 통해 우리의 것이 되는 것이다.

달라스 윌라드-〈하나님의 모략〉 중에서

† 시간의 주관자

서머나 교회 사자를 위한 서신에서 예수님은 자신을 이렇게 소개하신다.

'처음이며 마지막이요 죽었다가 다시 살아나신 이'

이 말은 1장의 예수님이 요한에게 자신을 소개하실 때도 하셨던 말씀이다. 그가 처음이고 나중이라는 말은 매우 중요하다.

처음과 나중 즉, 시간은 세상과 교회가 살아가는 공간이기 때문이다. 아침이 되면 해가 뜨고 밤이 되면 해가 져서 별이 뜨거나 달이 뜬다.

이러한 움직임이 시간이라는 개념을 만든다. 천지 창조 때 하나님은 지구라는 실제적인 공간과 함께 인간과 모든 생물들이 살아가고 인지하는 '시간'이라는 '공간'을 만드셨다.

그 때문에 그분 자신이 시간이라고 말씀하시는 것은 교회와 세상의 통치자로서 그 영역에 대한 권세가 그분에게 있음을 의미한다. 그분의 뜻에 따라 시간을 조절하실 수도 있고 그 시간의 영역에서 그 분이 원하시는 것을 이루실 수 있다는 뜻이다

계 1:17절과 계 2:8절에 나오는 두 단어 'πρῶτος'(처음, protos, first)와 'ἔσκατος'(나중, eskatos, last)는 '시작'과 '끝'이라는 단어와 다른 의미다. '시작'과 '끝'은 오히려 '알파'와 '오메가'와 닮은 단어들이다. 이러한 개념을 도표로 그려보자.

여기서 등장하는 '처음'과 '나중'의 뜻을 짚어 보자. 처음을 뜻하는 'πρῶτος'는 '~전에' 영어로는 before, ago라는 'προ'라는 단어에서 파생된 말이다. 이 단어를 통해 'πρῶτος'가 지니고 있는 영역이 어떠한 것인지 대충 짐작할 수 있다.

'처음'이라는 말은 NIV도 KJV도 모두 'the first'라고 번역한다. '처음의 것들'이라고 해석할 수 있는데 '처음에'라고 하는 말은 처음 어떤 사건이 발생된 시간인 몇 시 몇 초를 뜻하는 것이 아니다. 그것을 포함한 개념이다.

'처음에 ~했다'는 것은 처음이라는 시공간에 해당되는 사건을 언급하기 위한 말이다.

예를 들어 태초에 이런 이런 일이 있었다 할 때 우리는 태초의 시간이 몇 시 몇 초인지에 대하여 인식하지 않는다. 다만 그 태초라는 시간의 공간에서 있었던 일 즉, 땅이 생겨나고 하늘이 생기는 등의 일을 상상한다.

처음이라는 시간은 인류의 시간 속에서 서두에 해당하는 부분을 두고 처음이라고 지칭하는 것이다.

헬라어 'ἔσκατος'(나중)를 살펴볼까.

이 단어는 끝을 뜻하는 'τέλος'(telos)와 다르다. '끝'은 나중의 시간이 완전히 끝나는 시점을 뜻한다. 그러나 나중은 처음의 개념과 마찬가지로 위의 도표에서 나온 것처럼 마지막 때에 일어날 사건의 시간적 공간을 의미한다.

예수님이 자신을 두고 처음과 나중이라고 하신 것은 역사의 처음과 나중이 그분의 영역 안에 있음을 의미한다. 또한 역사가 생기기 전에도 그 후에도 영원 속에서 영원한 시간적 공간을 통치하시는 분임을 선포하신 말이기도 하다.

이러한 개념은 앞으로 우리가 계시록을 보는 데 있어 매우 중요한 도구 중 하나다. 계시록에 등장하는 이야기들이 다만 현재에 있지 않고 과거와 과거의 전과 미래와 그 후와 영원 전과 영원 후를 모두 다루고 있기 때문이다.

계시록은 한 마디로 예수 그리스도를 보는 책이다. 그분이 어떤 영역에서 어떤 권세로 어떻게 세상의 마지막을 이루시고 또 처음을 이루셨고 그 과정은 어떠했는지 또한 그가 처음부터 계획하신 나라가 어떠한지 그 구성원은 어떠한 존재인지가 모두 예수 그리스도라는 인물 안에 계시되어 있다.

그것을 보는 책이 계시록이다.

이는 참으로 엄청난 일이다. 22장이라는 짧은 기록 안에 이토록 방대한 진리가 들어있다는 사실은 기적에 가깝다. 그분이 시간이라는 영역을 통치하시고 그 권한을 가지고 있음을 보는 것은 시작에 불과하다. 예수님이 활동하시는 영역 곧 배경이 시간 안에서 이뤄졌다는 사실은 나중에 다른 이야기를 다룰 때도 반드시 필요한 기본 개념이다.

또한 예수님은 시간의 기준점이다. 시간은 영원의 영역 안에 속한 것으로 시간의 라인 즉, 역사의 시작점 전의 처음과 역사가 끝난 이후의 나중은 같은 영원이다.

영원이라는 개념 안엔 처음과 나중이 없는 것이다. 영원은 하나님이 계신 공간이며 과거 현재 미래를 한꺼번에 볼 수 있는 일종의 영화관의 관객석과 같은 곳이다. 영원은 멈춰 있는 것이 아니라 현재처럼 활발하게 활동하는 곳이라고 여겨진다.

우리는 이 개념을 잘 이해하지 못할 것이다. 시간의 영역 안에서만 살아가기 때문이다. 그러나 예수 그리스도를 설명하기 위하여 굳이 우리의 개념에 끼워 맞춰 보자면 이러하다는 것이다.

위의 도표와 같이 시간이 흐르는 라인의 중점은 예수님이 탄생하신 지점이다. A.D.와 B.C.가 갈린 시점으로 역사가 나뉜다. 이 사건으로 인해 영원의 공간은 획기적인 변화를 맞이한다.

예수님이 세상에 나타나기 전의 영원과 예수님이 승천하시고 난 후의 영원이 달라진 것이다.

모든 공의가 이뤄지고 완전해진 우주로 변했기 때문에 예수님은 시간의 통치자이자 기준점이고 영원과 역사를 바꾸는 핵폭탄과 같은 존재라고 할 수 있다. 예수님은 하나님의 체스판의 말로 나신 분이 아니라 체스판 그 자체이고 그 체스판을 소유하시고 모든 체스판 위의 전쟁을 관할하시는 분이라는 뜻이다. 이런 분과 누가 감히 비교될 수 있을까.

우리가 A.D. 20**년을 사는 한 예수 그리스도께서 역사의 중심이라는 사실은 변할 수 없는 사실이다. 그 때문에 세상이 아무리 막강해 보여도 시간은 예수님의 손에 있으며 따라서 세상은 절대 예수님을 이길 수 없다.

우리가 예수 그리스도 안에 있는 한, 시간은 우리의 편이고 세상은 결코 우리를 이길 수 없음을 믿어야만 한다. 언젠가 예수님은 이 시간을 끝내러 오실 것이며 그 이후 영원한 그의 나라에 들어갈 사람들을 부르실 것이다.

이 모든 것이 우리의 선택에 달려있다는 사실을 교회가 알아야 하기에 예수님은 자신의 모습을 처음이나 나중으로 표현하시고 하나님도 알파와 오메가로 스스로를 소개하신 것이다.

계시록은 우리가 앞으로 이런, 이런 고난을 당하니까 두려워 하라고 주신 말씀이 아니다. 이런, 이런 고난이 있으나 내가 모든 전쟁과 시간을 손아귀에 쥐고 있으니 겁먹지 말고 주님을 믿으라는 말씀이다. 이러한 메시지를 믿게 하시기 위해 주님은 그 분 자신이 얼마나 지혜롭고 힘 있는 분이고 크신 분인지를 계시하신다. 우리의 상상을 초월할 만큼 얼마나 놀라운 분인지를 우리에게 보여주심으로써 우리를 안심시키신다. 이를 통해 악한 세력과 믿음으로 담대히 싸우라고 격려하신다.

그렇다면 왜 예수님은 서머나 교회에게 자신의 모습을 처음이요 나중이라고 소개하셨을까. 이것을 알기 위해서는 우선 서머나 교회의 사자가 어떠한 상황에 처해있는지를 알아야 한다.

부요한 자

서머나 교회의 강력한 적은 누구였을까. 적이 누군지를 아는 것은 곧 교회의 연약함을 아는 방법이다. 적은 항상 상대의 연약한 부분을 공격

하기 때문이다. 다른 말로 해 보자. 서머나 교회의 연약함은 무엇이었을까. 예수님은 서머나 교회에게 그분이 아시는 것을 먼저 말씀하신다.

'내가 네 환난과 궁핍을 알거니와 실상은 네가 부요한 자니라'

여기에서 우리는 서머나 교회 사자의 육적인 상황과 영적인 상황이 어떠한지 알 수 있다. 그는 육체적인 삶이 가난하고 환난이 극심한 사람이었다. 하지만 영적으로 그는 '실상' 부요한 자라고 예수님이 말씀하신다. 여기서 알 수 있는 것은 예수님에게 '실상', 진짜 현실은 그의 영적인 상황이라는 점이다.

육적으로 아무리 잘 살아도 그가 영적으로 가난하면 그는 예수님의 눈에 가난한 자이며 서머나 교회의 사자와 같이 그가 사는 모양은 가난하고 궁핍하기 짝이 없으나 예수님의 눈에 부요하면 그는 진짜 부요한 자다. 이것이 진리가 계시하는 '실상'이다. 예수님은 왜 그에게 이러한 진실을 알려주시는 걸까.

'가난하지만 실상은 부요하다'의 다음 구절은 '자칭 유대인이라는 하는 자들의 비방도 알거니와 실상은 유대인이 아니요 사단의 회라'라고 기록되어 있다. 두 구절 다 '실상은'이라는 말을 가운데 두고 육적인 상황과 영적인 상황을 대치시켰다.

궁핍, 환난	실상은	부요한 자
유대인	실상은	사단의 회

이러한 대치를 통해 예수님은 무엇이 진짜고 가짜인지를 선명하게 계시하신다. 이는 환난의 원인이 자칭 유대인이라고 하는 자들에게 있다는 것을 보여준다.

자칭 유대인이라고 하는 사람들은 아마도 서머나 교회 사자와 교회를 핍박했던 것 같다.

당시 아시아에도 그 지역에서 사는 유대인들이 꽤 있었다. 바울은 그들의 회당을 중심으로 전도하고 설교했고 그의 1, 2, 3차 전도 여행의 기점들도 각 지역의 유대인들의 마을 회당이었다. 이와 같이 서머나 지역에도 유대인들은 회당을 건설하며 자신들의 삶을 살고 있었을 것이다. 미국에 코리아타운이 있는 것처럼 유대인 타운이 있었다는 뜻이다.

교회는 그 중심으로 세워졌을 것이며 교회는 서머나 지역의 유대인들과 교류했을 것이다. 따라서 분명 교회안에는 이방인들도 있었을 테지만 유대인들도 있었을 것이다.

여기가 문제의 발생 지점이다. 혈통적 유대인과 이면적 유대인이 교회 안에 섞여 살아가는 상황이 문제의 시작이었으리라 추측된다.

혈통적 유대인은 교회 안에서 당시 더 우월적인 위치를 차지했을 것이다. 예수님이 유대인이었고 모든 교회의 사도들이 유대인이었기 때문이다. 이런 이유로 교회의 지도자 자리는 아무래도 혈통적인 유대인이 차지하는 경우가 많았으리라 짐작한다. 많은 유대인의 반발이 있을 것이기 때문이다.

이런 상황을 고려할 때 서머나 교회의 사자는 유대인이 아닌 이방인이었을 가능성이 크다. 서머나 교회 사자를 비방하고 괴롭게 했던 무리가 자칭 유대인이라고 스스로 말했다는 것을 보면 그들이 혈통적으로 스스로가 유대인임을 얼마나 자랑스럽게 생각했는지 알 수 있다.

또한 이 부분에 대하여 서머나 교회 사자에게 비방하는 것도 서머나 교회 사자의 상대적인 약점이 드러나게 해서 그에게 위축감을 심어주려고 하는 의도가 담겨있는 듯하다.

이러한 일은 초기 교회 시절 빈번했으리라 추측된다. 바울 또한 디모데의 혈통적인 부분 때문에 자칫 유대 교회가 받아들이지 못할 것이 염려되어 할례를 시행하게 했었던 것도 이 때문이었다. 그가 평신도가 아닌 한 교회의 목자로서 서야 했고 이는 디모데에게 비방할 거리를 만드는 일일지도 모르는 일이었기 때문이었다.

안디옥을 시작으로 이방인들의 교회가 세워지기는 했지만, 그 당시 교회 안에는 이방인들보다 유대인들의 입지가 훨씬 컸던 게 분명하다. 바울은, 때문에 유대인들이 모세의 율법을 그리스도인들이나 이방인들도 지켜야 한다는 여론과 격렬히 싸웠다.

그것은 명백히 유대인 스스로의 입지를 굳히려고 하는 사단의 계획이라는 것을 알았을 뿐 아니라 예수님의 복음과도 합하지 않았다. 그가 설파하는 이신칭의 신학 이론이 성립된 것도 이 때문이었다.

이신칭의는 믿음으로 의를 얻는다는 뜻이다. 또한 이신칭의의 복음은 모든 인종과 성을 초월하여 적용된다. 바울은 이런 개념을 참 감람나무에 접붙임을 받는 돌 감람나무의 가지가 참 감람나무의 일원이 될 수 있음을 비유하여 설명한다.

예수 그리스도를 믿는 믿음으로 인해 이방인이든 유대인이든 차별 없이 하나님이 약속하신 후사의 자격을 얻게 되고, 복음은 이러한 사람을 이면적 유대인이라고 선언한 것이다.

이방인들에게는 매우 반갑고 고마운 소식이었지만 일부 유대인들은 이에 대하여 심하게 반발했을지도 모를 일이었다. 아니, 분명히 반발했을 것이다. 이러한 이론은 유대인들에게 매우 파격적인 개념이었기 때문이다. 유대인들은 이방인들과 같이 한 밥상에 앉는 것조차 용납하지 않았다. 몇 천년동안 내려온 이 관념을 한 번 깨뜨리는 것은 결코 쉬운 일이 아니었다.

이 때문에 예수님의 복음, 이신칭의의 이론은 유대인들로선 받아들이기가 쉽지 않았을 것이다. 선민이라는 권위를 내려놓아야만 하는 일이였고 그들이 믿고 있었던 자신들만의 특권을 나눠야만 받아들일 수 있는 개념이었다.

그렇지 않았다면 바울이 유대인들의 미움을 사지도 않았을 것이며 죽임을 당하지도 않았을 것이다. 이러한 고난은 예수 그리스도께서도 지나온 것이었다. 유대인들의 비방과 미움 속에서 그분은 죽으셨지만 다시 살아나셨다.

서머나 교회 사자는 유대인들의 비방으로 인해 혼란스러웠을 것이다. 자칭 유대인들이라고 하는 자들의 비방 '넌 유대인이 아니야, 그래서 자격이 없어'라는 말에 괴로웠을 것이며 이런 혼란에도 불구하고 과연 교회를 이끌어가도 되는지 더 나아가 정말 그가 이면적 유대인이 맞는지를 의심하게 되었을 것이다.

게다가 그는 굉장히 가난했다. 만약 이방인이었음에도 그가 부자였다면 자칭 유대인이라고 하는 사람들이 그를 함부로 대하지 못했을 것이다. 그런 사람들은 빌라도나 권세 있는 로마인들에게 아부하고 굽신거렸던 예수님을 죽인 유대인들과 다르지 않았다.

예수님은 가난한 목수의 아들이었고 어떠한 세상적인 배경이나 인맥도 없었던 분이었다. 그분을 그렇게 십자가에 못 박을 수 있었던 것은 그들이 가지고 있었던 혈통적인 거만함이 예수님의 배경을 무시했기 때문이었다.

서머나 교회 사자는 혈통적으로도 유대인이 아닌 데다 가난하기까지

했다. 예수님을 핍박했던 유대인들과 닮은 그들은 서머나 교회 사자의 보잘 것 없는 그의 배경과 그의 혈통을 가지고 비방했고 끊임없이 그를 그 자리에서 끌어내리려 했을 것이다. 문제는 이러한 자들이 서머나 교회 안에 존재했다는 점이었다. 교회의 구성원이 아니었다면 서머나 교회 사자의 자격을 가지고 논할 필요가 없었기 때문이다.

자칭 유대인들이라고 하는 자들이 사실은 사단의 회당이라는 것을 보면 유대인들이 무리를 지어서 서머나 교회 사자를 공격했다는 것을 알 수 있다. 예수님은 그의 마음이 이러한 말에 흔들리고 있음을 알았다. 그냥 이 자리를 그들에게 내어주고 그저 평범한 신도로서 살아갈까 하는 생각에 수없이 괴로워했을 것이다.

또 그들이 하는 비방처럼 나는 정말 자격이 없는 것일까 하고 곱씹어 보기도 했을 것이다. 예수 그리스도의 복음은 분명 그를 향하여 이면적인 유대인이 참 유대인이라고 말하고 있지만, 그의 현실은 그렇지 않은 것처럼 느껴졌을 것이다.

이러한 서머나 교회 사자에게 예수님은 확신적으로 말씀하신다.

"아니다! 너는 사실 부요한 자고 그들이 유대인이 아니라 네가 유대인이다!"라고 외치시는 것이다. 예수님이 두 상황을 '실상은'이라는 말로 대치시켜 비교하여 진실을 규명하신 이유는 서머나 교회 사자로 하여금 그가 진실을 가지고 물러나지 않고 싸우기를 촉구하시기 위해서였다.

서머나 교회 사자에게 자신을 죽었다가 다시 살아난 분이라고 소개했던 것은 예수님도 서머나 교회 사자처럼 교회의 구성원인 바리새인들과 유대인들에게 비방을 받고 핍박을 받다가 죽음을 당했었기 때문이었다. 누구보다도 서머나 교회 사자를 이해할 수 있는 분이라는 것을 보여주신 것이다.

부흥도 안 된 교회, 가난한 교회, 사람들이 알아주지도 않는 목자의 입지, 정말 이렇게 양들을 이끌어도 되나 하는 그의 모든 상황들, 하나님이 하라고 하는 일이 남들 보기에 우습기 짝이 없고 형편없어 보인다거나 심지어 목자의 이미지에 맞지 않는 등의 일을 계속해야 하는 불편함을 가진 종들.

이러한 상황에 처한 목자들은 지금도 존재할 것이다. 교회를 세운다고 갔지만, 기존에 일하고 있던 목자가 그의 신학적인 자격을 운운하거나 그의 궁핍함에 고개를 흔들고 무리를 지어 그를 외면할 수도 있다. 그렇다고 그들을 회유하기 위하여 뭔가를 줄 수 있을 만큼의 넉넉함도 교회의 목자에게는 없다.

이리 가도 길이 막히고 저리 가도 길이 막히는 것 같은 막막함에 그는 생각할 것이다. 주님이 정말 나를 부르신 것이 맞나 하는.

서머나 교회 사자의 상황은 단지 그 당시의 목자에게만 말씀하신 것이 아니다. 이와 같은 상황에서 울고 있는 목자들을 향하여 외치신 '안심'인 것이다. 그럼에도 불구하고 싸워나가라는 주님의 명령이다.

여기서 알 수 있는 것은 자칭 유대인이라고 하는 자들처럼 내가 혹 누군가를 비방하지 않았는지를 살펴야 한다는 것이다. 예수님이 나를 향해 너는 실상 사단의 회에 속해있다고 말씀하신다면 그것은 매우 끔찍한 일일 것이다. 이런 묵상을 통해 알 수 있는 것은 예수님은 자칭 유대인이라고 하는 사람들도 사랑하셨다는 사실이다.

그들 안에 있는 진실, 너희가 사실은 사단의 무리 안에 속해 있다고 말씀하심으로써 그 안에서 나오라고 촉구하시고 있기 때문이다.

예수님이 바리새인들을 향하여 독사의 자식이라고 하신 것도 성전 앞 시장을 뒤엎으신 것도 모두 그들을 사랑했기 때문에 하신 행동이었다.

이렇게 계시된 진리를 보고 어떤 것을 선택하느냐에 따라 주님이 대적하는 자가 될 수도 있고 주님이 부요한 자라고 말씀하시는 사람이 될 수도 있다.

우리의 실상은 주님이 아신다. 그가 비추시는 진리 안에서 우리를 날마다 비춰봤을 때 우리 안에서 사단을 발견한다면 단호히 물리쳐야 하고 만일 우리가 가난하다고 생각이 들거나 자격이 없다는 생각이 든다면 사단이 하는 비방에 귀 기울이지 않고 오직 주님의 '안심'에 귀를 기울여야 할 것이다.

Revelation

2장
죽도록
충성하라

자기를 부인하고 자기 십자가를 지고
나를 좇을 것이니라 마 16:24

네가 장차 받을 고난을 두려워 말라 볼지어다
마귀가 장차 너희 가운데서 몇 사람을
옥에 던져 시험을 받게 하리니 너희가 십 일 동안
환난을 받으리라 네가 죽도록 충성하라
그리하면 내가 생명의 면류관을 네게 주리라 계 2:10

계 2:10절

이 구절의 특징은 주어들이다. 단수인 '너'(σου)로 시작해서 그의 복수 형태인 '너희' 그다음 또 '너희' 그리고 마지막 주어는 '너'라는 단수 형태로 마무리한다. 이것을 나눠 보자.

- 너 - 두려워 말라
- 너희 - 옥에 던져 시험을 받게 할 것이다
- 너희 - 십 일 동안 환난을 받을 것이다
- 너 - 죽도록 충성하라

이렇게 주어를 두 가지 형태로 기록하고 있는 이유는 예수님의 메시지가 누구를 향한 것인지를 명시하기 위해서다.

'두려워 말라', '죽도록 충성하라'는 명령을 받고있는 대상은 '너'이고 예수님이 보고 계신 앞으로의 상황을 알리시는 대상은 '너희'다. 우리가 알다시피 '너'는 분명 서머나 교회의 사자일 것이다. '너희'는 '너'를 포함한 개념이므로 서머나 교회 사자를 포함한 교회 전체를 의미하는 것이 분명하다. 종들은 교회를 위해 세워졌고 메시지의 마지막 종착지는 교회가 될 것이기 때문이다.

여기에서 우리로 하여금 고개를 갸우뚱하게 만드는 점은 앞으로 서머나 교회에 고난이 일어날 것이고 시험을 받는 일이 일어나게 될 것이지만 예수님은 서머나 교회 사자에게만 명령하시고 있다는 점이다. 다 같이 고난받는데 서머나 교회 사자만 두려워하지 말아야 하고 다 같이 시험을 받는데 서머나 교회 사자만 죽기까지 충성해야 한다. 왜 이러시는 걸까.

다시 말하지만, 예수님은 세상의 악한 영들과 전쟁 중이시다. 교회 또한 전쟁을 하는 중이다. 예수님이 진행하시는 전쟁의 많은 방법 중 가장 큰 모략은 교회에 종들을 세우는 것이다. 장군의 용맹에 따라 군대의 사기가 결정되고 그로 인해 승패가 갈라지기 때문이다.

제갈공명은 적진으로 장군들을 보낼 때 각 장군들에게 각기 다른 모략들을 명한다. 어떤 이에겐 수공(水攻)을 어떤 장군에겐 화공(火攻)을 명하며 또 다른 장군에겐 그저 기다려서 북을 치라고만 한다. 그들이 쳐야 하는 적진의 지리적 상황, 적진 장군의 성정, 적의 군사가 몇 명인지, 바람이 어느 방향으로 부는지에 따라 모략이 달라진다. 에베소 교회 사자를 향한 말씀이 다르고 서머나 교회 사자에게 주시는 말씀이 다른 것과 같은 이치다.

하지만 많은 모략 중에 가장 중요하고도 필수적인 모략은 목숨을 걸고 싸우는 장군의 용맹이다. 장군이 목숨을 걸면 군인들 또한 목숨을 건다. 예수님이 서머나 교회 사자에게만 '두려워 말라'고 하시거나 '죽도록 충성 하라'고 하신 이유다.

이두 – 보라

그런데 여기서 서머나 교회 사자와 서머나 교회 모두가 들어야 할 주님 의 명령은 'ἰδού' 볼찌어다! 라는 감탄사적 명령어다.

그들은 모두 무언가를 봐야 했다. 이 감탄사는 사람이 갑작스런 일을 당하게 될 즈음에 상대가 외치는 말이다. 예를 들어, 차가 갑자기 돌진한 다거나 번개가 하늘에서 치는 걸 볼 때 감탄사처럼 '저거 봐!'하며 외치는 말과 같다. 그들이 봐야 했던 것은 무엇일까. 예수님의 말씀을 살펴보자.

'마귀가 장차 너희 가운데서 몇 사람을 옥에 던져 시험을 받게 하리니
너희가 십 일 동안 환난을 받으리라'

우선 우리가 살펴야 할 말은 '마귀'라는 말이다. 고난을 겪게 하는 주체 인 마귀의 존재를 예수님은 이렇게 표현하신다.

ὁ διαβολος	εξ	ὑμων
↓	↓	↓
마귀가 된 자,	~에서,	너희

우리는 이 헬라어의 본문을 두 가지 형태로 해석할 수 있다. '너희 중에서 마귀가 된 자' 혹은 '마귀가 너희 중에서'다.

여기에서 나오는 'εξ'는 '~에서 나온'이라는 뜻의 소유격 전치사다. 소유격 전치사는 ~로부터 분리되는 형태 앞에 붙이는데 이러한 문법으로 보면 두 개의 해석이 모두 가능하다. 주관적으로 나는 전자에 더 많은 가능성을 두고 있다. 마귀가 어떠한 존재인가를 더 확실하게 보여주는 해석이기 때문이다.

그 근거는 예수님이 보여주신 자신의 모습이 첫 번째다. 그분 은 죽었다가 다시 살아나신 분이다.

예수님의 죽음은 가룟 유다의 배신으로 인해 시작된다. 예수님은 마지막 만찬 때 제자들을 향해 '너희 중 한 명은 마귀니라'고 말씀하셨다. 그분의 제자들, 교회의 시초였던 그들 중에 마귀가 된 자가 있다는 것은 지금 서머나 교회 사자의 미래의 상황을 조장할 존재가 '너희 중에서 마귀가 된 자'인 것과 비슷하다.

두 번째 근거는 서머나 교회의 상황이 예수님이 당시 죽으셔야 했던 상황과 매우 비슷하다는 점이다. 예수님을 핍박하고 죽였던 주체도 다름 아닌 유대인이었고 서머나 교회의 고난도 자칭 유대인이라고 하는 자들에 의해 일어난다.

예수님이 급하게 '볼찌어다!'라고 외치시는 것을 보면 서머나 교회가 전혀 예상하지 못했던 상황인듯하다. 즉, 그들이 생각하기에 놀랍게 일어날 미래를 예측하시기에 내뱉으시는 예수님의 감탄사적인 명령어라는 것을 알 수 있다. 자칭 유대인이라고 했던 사람들의 핍박이야 이미 알고 있었던 것이다. 그럼에도 주님이 이렇게 외치신 것을 보면 그들이 예상치 못했던 사람들의 개입 때문에 어쩌면 주님은 급박하게 말씀하고 계시는 건지도 모른다.

예수님의 가장 측근인 가룟 유다가 유대인과 야합하여 배신했던 것처럼 그들의 형제라고 생각했던 사람이 자칭 유대인들이라고 하는 자들과 야합했을 가능성을 배제할 수 없다는 뜻이다. 그 때문에 '너희 중에 마귀가 된 자'라는 해석이 예수님이 서머나 교회 사자에게 전하시려는 메시지의 의도와 더 가깝지 않을까 추측해 본다.

해석이 전자가 되었든 후자가 되었든 마귀는 분명 서머나 교회 사자를 사지로 몰고 갈 것이 분명했다. 그 원인 제공자가 아예 모르는 사람이라면 덜 아플지도 모른다. 하지만 만약 전자의 해석처럼 서머나 교회의 사자가 알았던 사람이었다면, 더군다나 가장 가까웠던 사람이었다면 고난을 겪으면서도 배신감에 이를 가는 억울함과 분노가 불 일 듯 일어날 것이다.

그런데 주님은 여기서 서머나 교회 사자에게 그를 미워해도 된다거나 혹은 나중에 원수를 갚아주시겠다는 말씀은 하시지 않는다. 오로지 '십 일 동안 죽도록 충성하라'고만 하신다. 원망도 말고 억울해하지도 말고 그저 죽기까지 충성하라고만 하시는 것이다. 이 때문에 그의 죽음은 단지 현상적인 부분만을 놓고 말하는 죽음이 아니었다. 그의 분노와 억울함 그의 자아와 그의 의까지 매일 십자가 앞에 내려놓는 죽음이어야 했다. 옥에 갇혀도 모욕을 당해도 배신에 몸을 떨어도 그는 도살될 양같이 잠잠히 죽음을 기다리고 매일 죽어야만 하는 것이다.

정말 어려운 일이며 행하기 어려운 명령이다. 그러나 이러한 일은 주님이 먼저 본을 보이셨기에 주님이 명하시는 것이 가능했다. 예수님은 자신을 때리고 모욕하고 십자가에 못 박는 모든 사람을 다 사랑하셨다. 다 용서하셨다.

그럼에도 서머나 교회 사자에게 요구하시는 믿음이 얼마나 큰 가를 느낄 수 있다. 이러한 순교적 믿음은 모든이들에게 허락된 것이 아니기 때문이다.

서머나 교회 사자의 승리는 반드시 죽음으로만 얻을 수 있었다. 예수님의 승리도 죽음으로서 얻을 수 있었던 것처럼 말이다. 그분의 희망은 죽음 후의 부활이었고 서머나 교회 사자의 희망 또한 죽음 후에 얻을 생명의 면류관이다. 그 때문에 그에게 나타나셨던 예수님의 모습 또한 죽었다가 다시 살아나시는 모습으로 나타나셔야 했다.

10 ; 십 일

그러므로 '십 일'은 서머나 교회 사자가 옥에 갇힌 후 살날이 십 일 남았다는 뜻이다. 여기서 10일은 우리가 짐작하는 바와 같이 상징적인 숫자라고 볼 수 있다. 이것이 실제적인 10일일 수도 있으나 모든 세대를 아우르는 말씀이란 전제를 생각하면 이는 상징적으로 보는 것이 합당할 것 같다.

'10'은 성경에서 세상을 채우는 숫자, 인간이 채우는 날 수를 의미한다. '십계명'은 인간이 사는 날 동안 지켜야 할 것들이고, '십의 일조'도 인간이 완전히 채울 수 있는 모든 것에서 하나를 드려야 한다는 뜻이며, 애굽에서 일어났던 '10가지 재앙' 또한 세상을 심판하는 완전한 채움 수를 의미한다.

다니엘서에 나오는 '열 뿔', '열 왕', '열 발가락'등은 온 세상의 모든 왕들, 권력들을 뜻한다. 이와 같은 성경적 의미를 비교해 볼 때 십 일은 현상적인 십 일이 아니라 죽기 전까지, 그가 옥에 갇힌 이후로 사는 모든 날을 의미한다고 볼 수 있다.

만약 서머나 교회 사자가 죽기 전까지 이러한 환난을 계속 당한다면 그의 하루하루는 견디기 힘든, 참으로 오랜 나날처럼 느껴질 것이다. 시간은 더디 흐르는 것 같고 언제쯤이면 이 고난 속에서 나올 수 있을지 생각하며 절망에 잠겨 있을지도 모르는 일이다. 그 때문에 예수님은 처음과 나중이신 모습으로 나타나셔야 했다.

'모든 시간을 내 손에 쥐고 있다. 이 모든 것이 절대 영원하지 않을 것이며 너의 인생이 길어 보여도 실은 단 십 일 동안 일어났던 일처럼 여겨지게 될 것이다.'라고 격려해 주시는 것이다.

지금도 세상엔 수많은 순교자들이 있다. 그들은 누구 하나 알아주지도 않고 심지어 동료들에게 배신당하거나 혹은 같은 지역의 선교사들의 핍박을 받기도 할 것이다. 자녀는 물론이고 사랑하는 모든 사람들을 지키지 못한 것 같은 삶을 살게 될 것이다. 그 마지막은 죽음으로 마치게 될 것이지만 누구보다도 영광스러운 면류관을 얻게 될 종들이라고 할 수 있다.

그들의 죽음이 교회를 세우고 그들의 죽음이 교회의 구성원들로 하여금 고난을 이기게 하며 그들의 죽음이 교회로 인해 믿음의 삶을 살 수 있는 원동력이 된다. 우리나라가 그러했고 세상의 많은 그리스도인과 교회들이 그렇게 세워졌다. 앞으로도 그러한 피들은 땅에 스며들 것이다.

그리고 교회는 살아나게 될 것이며 반석 위에 교회를 세우게 될 것이다. 그들의 믿음에 다시 한번 고개 숙이며 마음에 새기게 되는 구절이다.

둘째 사망의 해(害)

서머나 교회 사자의 상급은 두 가지다. 첫째는 생명의 면류관을 받게 될 것, 둘째는 둘째 사망의 해를 받지 않는 것이다. 앞서 설명한 것처럼 생명의 면류관은 '귀 있는 자는 성령이 교회들에게 하시는 말씀을 들을지어다'라는 구절 앞에 나오는 상급이므로 서머나 교회 사자가 상급을 받고 나서도 성령의 음성을 듣는 일은 지속되어야 한다.

단발적 성향의 상급이 아니며 이것은 오직 생명을 다하여 충성한 서머나 교회 사자만의 것이다.

편지는 '귀 있는 자들은…'과 '이기는 자는…'라는 부분으로 오면서 수신인이 바뀐다. 처음엔 각 교회의 사자들에게 말씀하시지만 결국엔 귀 있는 모든 자들과 이기는 자들 즉, 교회의 모든 구성원들을 향하여 말씀하시는 것이다.

그 때문에 둘째 사망의 해를 받지 않을 것이라는 서머나 교회 사자를 향한 서신에서 두 번째 상급은 모든 이기는 자들. 즉, 서머나 교회에 속한 모든 교회의 구성원 중 성령의 음성을 듣고 결국 이기게 된 사람들을 위한 말씀이다.

둘째 사망의 해는 계시록의 막바지에 등장한다.

또 내가 보니 죽은 자들이 큰 자나 작은 자나 그 보좌 앞에 서 있는데 책들이 펴 있고 또 다른 책이 펴졌으니 곧 생명책이라 죽은 자들이 자기 행위를 따라 책들에 기록된 대로 심판을 받으니 바다가 그 가운데에서 죽은 자들을 내주고 또 사망과 음부도 그 가운데에서 죽은 자들을 내주매 **각 사람이 자기의 행위대로 심판을 받고** 사망과 음부도 **불못**에 던져지니 이것은 **둘째 사망 곧 불못**이라 누구든지 **생명책에 기록되지 못한 자**는 불못에 던져지더라(계 20:12~15).

둘째 사망은 첫째 부활 다음에 나타날 천 년 왕국, 그 왕국이 끝나고 옛 땅과 하늘이 사라지고 난 후 백보좌 심판 때 나타나는 형벌의 장소이자 시간이다.

첫째 부활은 주님을 위해 살았고 주님의 생명책에 기록된 모든 사람들이 부활하여 생명을 얻는 때다. 이때 부활하지 못한 사람들은 둘째 사망 때 반드시 부활하여 하나님의 심판대 앞에 서게 되고 여기서 심판에 통과하지 못하면 그는 불못에 던져진다. 이것을 둘째 사망의 해라고 칭한다.

이 일은 단발적이다. 또한 여기에 참여하고 안 하고는 우리가 사는 날 동안 결정된다. 죽음과 동시에 그 사람이 둘째 사망의 해에 참여하게 될지 혹은 첫째 부활에 참여하게 될지가 결론지어지는 것이다. 그 때문에 성령은 우리에게 귀를 열어 그분의 말씀을 사는 날 동안 경청하라고 강조하신다.

성령은 우리의 행위가 믿음 안에서 일어나도록 도우신다. 위 말씀은

'각 사람이 자기의 행위대로 심판을 받고'라고 기록한다. 여기서 중요하게 생각해야 할 복음의 삶이 무엇인지가 나타난다. 예수님은 율법에서 우리를 해방하신 동시에 율법을 완성하신 분이다.

즉, 우리 안에 예수 그리스도로 말미암아 구원을 얻었던 순간이 있다고 할지라도 그 후에도 우리는 예수 그리스도의 성령과 삶 속에서 동행하며 그분이 우리 안에서 이루시고자 하시는 거룩함으로 나아가야 한다. 예수 그리스도의 성령이 우리 안에서 율법을 완전하게 하시는 것이다.

니골라 당이 말하는 교훈과 같이 우리가 구원을 얻은 후 그다음 인간이 행하는 어떠한 것도 우리의 구원을 되돌릴 수 없다고 말한다면 성령의 동행은 구원받은 자에게 아무런 의미가 없게 된다.

만약 구원의 순간이 지난 후에 우리의 어떤 행위도 무효화 된다면 우리는 죄악을 짓는 삶으로 나아갈 수도 거룩함으로 나아갈 수도 없다. 이 논리라면 우리가 얻어야 할 상급도 사라지게 될 것이다. 만일 그렇다면 우리에겐 성령의 음성을 듣고 사는 일이 필요 없을 것이다.

하지만 애석하게도 우리는 시간이라는 공간을 살아야 하고 영원으로 연결된 매 순간 믿음으로 구원을 지키며 살아나가야 한다. 성령의 역사가 없이는 우리가 죽음을 맞았을 때 첫째 부활이 결정될 수 없다는 사실을 알아야 한다.

우리가 예수 그리스도의 영원한 나라에 가서도 우리는 여전히 성령의 음성을 듣는 일이 필요하다. 그 안에서 거룩함과 하나님의 뜻을 아는 일과 그와 진정으로 동행하는 일은 일어나야 한다. 사실 이것이 하나님이 우리에게 복음을 허락하시는 궁극적인 이유다. 하물며 이 땅에서는 얼마나 성령의 음성을 듣는 일이 필요할까.

참으로 아이러니한 사실은 우리가 예수 그리스도를 믿음으로써 구원을 얻었다고 할지라도 우린 여전히 육체 안에 있으므로 연약하다는 사실이다. 그 연약함을 도우시는 분이 성령이시며 각 그릇에 따라 역사하시고 그 그릇에 맞춰 예수 그리스도에게까지 성장하게 하신다.

어떤 이는 사도를, 어떤 이는 선지자라는 그릇을 받았고 또 어떤 이는 열 달란트를 또 어떤 이는 다섯 달란트를 받았다. 그들에게 요구하시는 믿음의 행위 또한 다르고 성장의 기간이 다르며 크기가 다르다.

성령은 이러한 우리의 영적인 그릇과 받은 은사들과 하나님이 지으신 목적과 그 사람이 삶에서 할 수 있는 최대치의 행위를 아신다. 이에 따라 우리를 이끄시며 우리 안에 있는 더러움을 제거하시고 날마다 자라나게 하시는 것이다.

이 안에서 우리는 하나님과 진정으로 동행하는 것이 무엇인지, 그분을 사랑하는 것이 무엇인지, 또 그가 우리를 얼마나 사랑하시고 거룩하기를 원하시는지를 알게 된다.

둘째 사망이라는 죽음의 부활에서 행위를 보시는 것은 이것 때문이다.

하나님께 받은 것이 작든 크든 하나님은 우리가 최소한 하나님의 은혜에 반응하며 힘쓰고 애써서 주님의 나라를 우리 안에서 세우기를 원하신다. 그러나 이 일은 절대 우리가 혼자 할 수 있는 것이 아니다. 오직 성령께서 말씀하시고 우리는 그 안에서 섬기며 함께 우리의 삶의 행위를 만들어 가는 것이다.

그 결과물이 얼마나 많은지 적은지는 중요하지 않다. 다만 우리가 최소한 하나님 성령의 음성에 귀를 기울였는가, 또한 그 행위를 만들기 위하여 얼마나 최선을 다했는가를 보신다. 그것이 하나님을 사랑했다는 강력한 증거이기 때문이다.

어떤 종이 수천만 명을 살린 것과 어떤 여인이 한 아들을 위하여 평생을 기도하여 살린 것은 다르지 않다. 각자에게 맡겨진 십자가가 다르고 사명이 다르며 주어진 은사가 다르기 때문이다.

예수님의 옆에 있던 강도를 보면 그가 여태껏 자기 뜻대로 살다가 어쩌다 운이 좋아서 예수님을 만나 천국에 갔다고 생각하겠지만 사실 그것은 매우 큰 믿음의 행위다. 당시 이스라엘에 있는 거의 모든 사람이 예수님을 비난했고, 그를 욕했으며 그를 저버렸다. 십자가에서 내려오지 못하는 구원자는 구원자도 아니라며 욕을 해댔지만, 예수님의 옆에 있던 강도는 믿을 수 없는 상황에서 천국을 바라봤고 그 천국의 주인이 예수님이라는 것을 믿어 입으로 시인했다.

우리가 만약 그러한 상황이라면 어땠을까. 우리는 당장이라도 이 십자가에서 내려오게 해달라고 주님께 부탁했을 것이다. 아니, 우리는 그의 존재 자체를 믿지 않았을 것이다. 나의 상황보다 더 악한 상황에 있는 자를 어떻게 믿고 기도하겠는가.

하지만 강도는 그렇게 하지 않고 영원한 것을 바라보고 실제적으로 예수님께 천국에 들어갈 수 있기를 구했다.

그 사람 안에서 몇십 년 동안 역사했던 사단의 말을 물리치고 예수님의 말에 귀를 기울일 수 있다는 것은 기적에 가까운 일이다.

성령은 이러한 일을 가능하게 하시며 우리가 단지 좋은 사람이 되게 하시는 것을 넘어서서 하나님이 원하시는 것을 하게 하신다. 따라서 우리 안에 있는 가장 강력한 욕망들과 싸워 이기게 하셔서 하나님 나라의 벽돌을 차곡차곡 쌓게 하신다. 이것이야말로 복음이 우리 안에서 일하시는 본질적이고도 영원한 목적이다.

둘째 사망의 해는 예수 그리스도를 받아들이지 못하여 불의함 속에서 깨닫지 못하고 살아갔거나 예수 그리스도를 받기는 하였으나 본질을 망각하고 한 달란트를 묻어둔 자나 혹은 예복을 준비하지 못한 사람처럼 자신의 욕망이 원하는 대로만 살던 사람들이 부활하여 받는 형벌이다.

이 때문에 진정으로 예수 그리스도 안에서 성령의 음성을 듣는 자들은 마치 형벌을 받는 사람들처럼, 빚을 갚는 사람들처럼 살아간다. 자신의 욕망이 어떠한 결과를 초래했는지를 성령은 알게 하시고 그에 따라 인생에서 고난을 허락하신다. 영원한 형벌 대신 우리의 인생에서 날마다 십자가에 우리를 못 박는 형벌을 강조하시는 것이다.

나는 빚을 진 자고, 나는 흉악한 죄인이다. 이것을 아는 자들만이 용서를 구할 수 있다. 이것을 아는 자들만이 절대로 헤어 나올 수 없는 사망의 구덩이가 무엇인지를 깨달을 수 있다. 따라서 하나님의 은혜를 귀히여겨 성령이 말씀하시는 것을 기꺼이 듣고자 할 것이다.

서머나 교회 사자와 그 교회에게 나타나신 주님은 처음이요 나중이며 죽었다가 다시 살아나신 모습으로 나타나셨다. 우리가 시간이라는 공간에서 살아가는 날들이 죽음을 넘어서 영원한 곳으로 갔을 때 주님이 부활하신 것과 같은 생명의 부활로 가기 위해 힘쓰라는 메시지다.

진정으로 성령의 음성을 듣고 실수하고 넘어질지라도 그 영적인 싸움을 포기하지 않고 죽음까지 가는 자들에겐 생명의 부활이 있을 것이다. 그러나 성령의 음성을 따르지 않고 주님의 구원을 내던지거나 연약함으로 싸움을 포기하여 사단의 포로가 된다면 죽음의 부활이 임할 것이다. 힘으로도 능으로도 할 수 없고 우리는 오직 주의 영으로만 죽음까지 가는 모든 삶의 공간을 승리로 결정지을 수 있을 것이다.

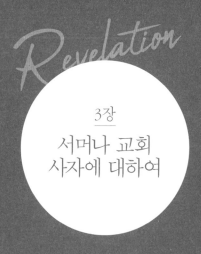

Revelation

3장

서머나 교회
사자에 대하여

오직 의인은 믿음으로 말미암아 살리라 롬 1:17

좋든 싫든 우리는 십자가와 연루되어 있다.
우리는 오직 머리를 조아리고
가슴을 찢음으로서 그 앞에 설 수 있다

존 스토트 - 〈그리스도의 십자가〉 중에서

✝ 이신칭의

믿음으로 의롭다 함을 얻는다. 이것은 복음의 핵심이다.

예수 그리스도께서 십자가 위에서 죽으심을 믿는 믿음이 우리를 의롭게 하신다는 것은 기독교의 가장 기본적인 진리다. 이 복음은 모든 이에게 차별이 없다. 남자든, 여자든, 아이든, 노인이든, 신분이 어떠하든 이방인이든, 유대인이든 모두에게 똑같이 적용되는 복음의 능력이라고 할 수 있다.

서머나 교회의 사자는 자칭 유대인이라고 하는 사람들로부터 비방을 받았던 사람이다. 그들이 유대인 혈통을 내세워 사자를 비방한 것을 보면 그는 아마도 이방인이었을 것이다. 복음이 말하는 이신칭의 원칙의 범위를 자칭 유대인들은 거부하려고 하기 때문이다. 몇천 년이나 된 그들만의 약속이 아무것도 하지 않고 하나님과 상관없이 살았던 이방인들이 누린다는 게 억울했기 때문이었을 것이다.

그렇다고 서머나 교회 사자에겐 혈통적인 유대인들을 유익하게 할 만한 재력이나 권력도 없었다. 만약 그에게 권력과 부가 있었다면 자칭 유대인들은 그에게 원하는 것을 얻기 위해 아부했을 것이다. 그들은 하나님과 상관없이 살면서 권력과 돈의 노예가 된 이방인들과 조금도 다르지 않았다.

서머나 교회 사자는 이러한 상황에서 수없이 많은 절망 가운데 빠졌을 것이다. 그들의 쉼 없는 비방을 들으면서 계속 지도자의 자리에 앉아 있어야 하는가를 생각했을 것이다. 때론 그들의 비방이 옳은 것 같기도 하다는 생각이 들었을지도 모른다.

나는 자격이 없는 사람이다. 하나님이 날 부르신 것도 아닌데 내가 이 자리에서 고집스럽게 버티고 있는 건지도 모른다. 어쩌면 이신칭의의 복음이 잘못된 것인지도 모른다. 나는 구원을 받지 못할 수도 있다. 이러한 생각의 절차를 따라 늪에 빠지는 것처럼 자칭 유대인들이 하고 있는 비방에 흔들렸을 것이다.

서머나 교회 사자 안의 혈통적, 세상적 연약함이 그 비방을 수긍할 뿐 아니라 심지어 예수 그리스도를 받아들일 자격조차 없다는 생각으로 자신을 몰아갈지도 모른다.

이런 종들은 지금도 허다하다. 가난한 선교사, 누구 하나 후원해 주지 않는 외로운 선교지, 부흥되는 것 같지 않는 교회, 아무도 시도하지 않는 새로운 영역의 목회자들, 목사가 아니지만 양들의 리더로 세워진 평신도 사역자들.

이런 사람들이 하나님이 부자라고 말씀하신 서머나 교회 사자와 같은 사람들일지도 모른다.

우리는 주의해야 한다. 나 자신이 자칫 자칭 유대인들처럼 질투와 시기에 눈이 멀어 무리를 모아 당을 짓는 것은 아닌지 생각해봐야 한다. 어떤 이들에 대한 비방할 거리가 눈에 보일 때 우리가 해야 할 일은 그들을 위해 기도하고 하나님의 선하신 뜻을 분별하게 해달라고 기도하는 것이다. 우리가 만일 하나님이 대적하시는 진영에 서게 된다면 그것처럼 무섭고 두려운 일은 없을 것이기 때문이다.

우리는 서머나 교회 사자가 가지고 있는 연약함에도, 자칭 유대인이 가진 시기와 질투와 자기 의에도 속으면 안 된다. 오직 믿고 바라봐야 할 분은 처음이자 마지막이며 죽었다가 다시 살아나신 예수 그리스도다.

모든 그리스도인은 사는 날 동안 사단의 쉬지 않는 공격과 시험을 받고 살아가게 될 것이다. 서머나 교회 사자라는 영광을 얻기 위한 값은 더욱 특별하게 어렵고 비싸다. 교회에 닥쳐오는 사단의 공격을 이기는 방법은 그 교회의 사자가 죽는 것이기 때문이다.

사자의 죽음

이 죽음은 예수님의 죽음과 닮아있다. 그들이 전혀 예상하지 못했던 적, 가룟유다처럼 가장 가까웠던 사람이 유대인의 당과 야합했다. 이 사람이 서머나 교회 사자 뿐만 아니라 교회 전체를 위험에 빠뜨렸다. 서머나 교회 사자는 교회의 머리이신 예수님처럼 죽음으로 싸움을 마쳐야 했다. 죽기 전 옥에 갇혀 그는 오로지 죽음으로 가기 위해 매일 죽음 앞에 자신을 내어줘야만 했다.

그의 십일 즉, 그가 옥에 갇힌 날부터 죽는 날까지 그의 싸움은 오로지 죽음 안에서 이뤄지고 죽음으로 마무리 될 것이다. 이것이 서머나 교회 사자가 선택해야 할 그의 운명이었다. 이것은 오직 주님을 믿는 믿음으로만 이룰 수 있는 성령의 일이었다.

결국 예수 그리스도의 죽음에 참여한 서머나 교회 사자는 그의 영광스러운 부활에도 참여하여 생명의 면류관을 받고 성령과 함께 주의 나라를 다스리게 될 것이다. 이로 인해 서머나 교회 또한 살게 될 것이다. 종의 죽음을 통하여 그들 안에 있는 영은 그들의 영적인 사기를 북돋을 것이다. 사단의 시험에 빠지지 않고 끝까지 싸워 주 예수 그리스도의 고난에 참여하고 영광에 참여하게 할 것이다.

결국 사자의 흘린 피가 모든 교회를 살릴 뿐 아니라 교회를 통하여 얻게 될 영혼들이 둘째 사망의 해에 참여하지 않는 승리를 가져다주는 것이다.

이 모든 전쟁에서 주님은 그들의 본이 되셨다. 유대인들의 시기와 질투로 인해 죽으셨고, 가난하셨으며, 가까운 친구에게 배신당하셨으나 미워하지 않으셨고, 감옥에 갇히고 고난을 당하셨으나 죽기까지 복종하셨다.

서머나 교회 사자의 고난도 영광도 주님의 것을 본뜬 것이다.

교회의 승리 또한 이와 같다고 할 수 있다. 예수님은 하나님을 믿으심으로 인해 모든 믿는 이들에게 의(義)가 되어주셨다. 서머나 교회 사자의 믿음도 이와 같은 일을 하게 될 것이다.

그는 주님이 인정하신 진정한 부자였다.

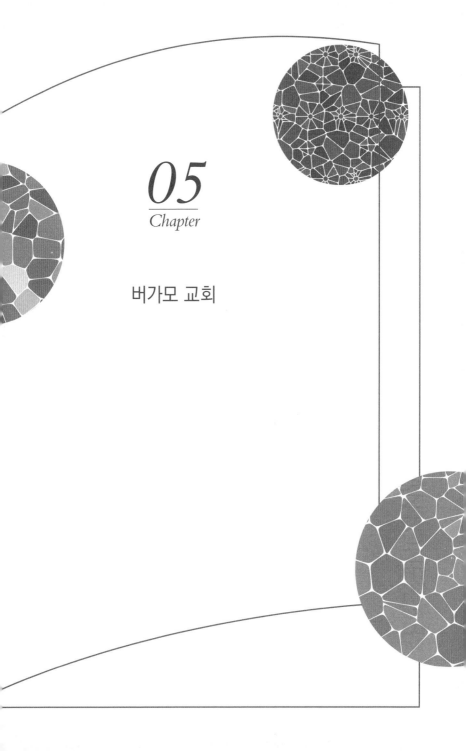

05
Chapter

버가모 교회

Revelation

<u>1장</u>

안디바

극히 값진 진주 하나를 만나매 가서
자기의 소유를 다 팔아 그 진주를 샀느니라 마 13:46

자아를 부인하면 모든 것이 제자리를 찾는다.
이것이 그리스도인의 삶의 비결이다.

앤드류 머레이 – 〈나를 버려야 예수가 산다〉 중에서

✝ 충성된 증인

버가모 교회 안에 있던 충성된 증인의 이름, 안디바. 그의 이름은 여기 버가모 교회 서신 외에는 다른 신약의 성경에서 언급된 적이 없다.

그는 누구이며 왜 예수님은 버가모 교회의 많은 성도들 중 특별히 안디바에 대하여 말씀하셨을까.

그 이유를 알기 위해서는 우선 말씀 속에 나온 안디바에 대한 정보를 살펴봐야 할 것이다. 안디바라는 이름을 혹 역사의 어떤 유물 안에서 발견했다고 할지라도 그것이 예수님이 언급하신 '안디바'인지는 우린 알 수 없다.

사실 그 사람이 어떻게 생겼고 또 버가모 어느 곳에 살았고 어떻게 죽었는지는 알 필요가 없다. 다만 그가 버가모 교회 안에 있었고 그가 충성된 증인으로서 죽음을 다 하기까지 주님의 이름을 부인하지 않았다는 것이 중요하다. 또한 이 사람을 통해 예수님이 우리에게 하고자 하시는 말씀의 의미를 살펴 현세대에서 우리가 따라야 할 하나님의 의중을 보는 것이 더 중요하다.

예수님이 아시는 것에 대하여 제일 첫 번째로 언급되는 것은 버가모 교회 사자가 사는 곳 즉, 버가모 교회가 살고 있는 곳에 대한 것이다. 이는 안디바라는 이름이 가진 의미를 살피는 데 있어 매우 중요한 단서다. 영적 육적 위치에 따라 싸움도 달라지기 때문이다.

왜 안디바가 죽을 수밖에 없었는지를 알면 버가모 교회의 영적 육적 전쟁이 무엇인지를 알 수 있을 것이다. 버가모 교회가 거치는 싸움을 안디바 또한 거쳐 승리했을 것이기 때문이다. 이것을 볼 수 있다면 안디바라는 이름을 언급하신 이유를 더 확실하게 알 수 있을 것이다.

예수님은 버가모 교회 사자에게 '네가 어디 사는지를 안다'고 말씀하신다. 여기서 사용되는 헬라어 'που'는 '어디에?'라는 의문사다. 직역하면 '네가 어디 살고 있느냐? 나는 안다'라는 뜻이다.

결국 '네가 어디 살고 있는지 나는 안다'라고 해석할 수 있지만 여기서 의문사가 들어가면 어조가 달라진다. '네가 어디에서 살고 있는지 진정 몰랐단 말이냐?'라고 할 수 있는데 이 말은 네가 거하는 곳의 성격상 어려운 싸움은 피할 수 없다는 뜻이다.

그곳은 영적으로 말하면 '사단의 위-보좌'가 있는 곳이다. 그러한 곳에서 살고 있는 만큼 치열한 영적 전쟁이 있는 곳임을 강조하시기 위해 의문사로 문장을 시작하신 것이 아닌가 한다.

의미를 연결해 보면 '네가 사는 곳이 진정 사단의 위라는 것을 몰랐단 말이냐? 그렇기에 너의 전쟁은 그만큼 치열하고 네가 받는 고난이 큰 이유다'라는 뜻으로 해석할 수 있는 것이다. 이것이 바로 안디바가 죽을 수밖에 없었던 영적인 이유 중 하나였다. 그곳이 '사단의 위'가 있는 곳인 만큼 극심한 영적인 전란에서 싸워야 했다. 안디바는 이러한 상황에서 믿음의 싸움을 하다 순교까지 한 사람이었음을 알 수 있다.

그다음으로 우리가 안디바에 대해 알기 위해 살펴볼 수 있는 정보는 '안디바'라는 이름이다. 이 이름을 통해 우리는 안디바의 영적 싸움뿐 아니라 버가모 교회의 영적 싸움이 가지고 있는 성격이나 크기를 알 수 있을 것이다.

단어를 살펴보자. 헬라어 'ἀντίπᾶς'(antipas)는 두 개의 단어가 만난 합성어다. 이는 'ἀντί'와 'πᾶς'로 나뉜다. 먼저 'ἀντί'는 '~을 대신하여' 혹은 '~을 반대하는' 이라는 뜻이다. 뒤의 'πᾶς'는 많은 학자들이 '아버지'를 뜻하는 'πατηρ'(pate-r: 파테르)라고 추정하지만 나의 생각은 다르다. 나는 이것을 '모든 것'을 뜻하는 'πᾶς'(pas)라고 추정한다. 이는 버가모 교회가 가지고 있던 영적 육적 상황 때문이다.

당시 버가모 지역엔 로마 황제를 숭배하는 신전이 3개나 건립되어 있었다. 이러한 상황은 황제 숭배가 정치적으로 이용되고 있었다는 의미이며, 따라서 황제 숭배는 로마의 지령 안에 사는 사람들이라면 누구나 지켜야 할 사회적 율령이었다. 이는 버가모 뿐만이 아니었다.

당시 도미티아누스 황제의 명에 따라 모든 로마령엔 살아있는 황제를 신으로 섬겨야 하는 것이 법으로 제정되어 있었다. 충성된 증인이었던 안디바가 죽었을 정도라면 버가모 지역이 다른 곳에 비해 이 율령이 더욱 강화되어 적용되었을지도 모른다는 추측을 해본다. 더군다나 이곳은 다름 아닌 사단의 위가 아니었던가.

말하자면 버가모에서 황제를 숭배하는 것을 거부하면 시민권 자체를 거부하는 것이고 지키지 않으면 죽임을 당할 수도 있다는 것을 뜻했다. 그리스도를 믿기 위해서는 모든 삶의 권리를 박탈당하는 위기에 처해야 하는 것이다. 마치 다니엘과 세 친구들처럼 모든 사람들이 황제를 향하여 절해야 하는 율령으로 인해 목숨을 걸어야 하는 상황인 것이다. 이것이 버가모 교회가 처한 육적인 상황이었다.

영적인 상황을 살펴볼까. 앞서 말한 바와 같이 이곳은 사단의 위가 있는 곳이다. 그야말로 사단이 앉아서 통치를 하는 곳으로 영적인 싸움과 그 치열함이 다른 어떠한 곳보다 훨씬 극심하다는 것을 알려준다.

이것 외에도 서신의 뒷부분에 나오는 발람의 교훈을 받아들인 자들을 대적하시는 주님, 니골라 당의 교훈을 지키는 자들을 대적하시고 심지어 그들과 싸우시기 위해 나서시는 주님의 모습은 이곳에 은근히 흐르고 있던 영적인 미혹이 어떠한 것이었는지를 보여준다.

또한 이러한 흐름은 πᾶς가 '모든 것'을 뜻할 가능성이 더 많다는 것을 뒷받침한다.

앞서 많이 살펴본 발람의 교훈과 니골라당의 교훈의 공통적인 부분은 성도가 한 번 구원을 받았다면 그 후에 어떠한 죄를 범해도 성도에게 허락하신 구원을 돌이킬 수 없다는 전제를 가지고 죄짓는 행위를 합리화하는 데 있다. 영적인 싸움 자체가 의미가 없음을 가르치며 따라서 성령의 도우심도 필요가 없다는 것을 교훈으로 삼고 있는 것이다.

그렇다면 여기 버가모에서 발람의 교훈을 가진 자들 곧 니골라 당이 가르친 교훈은 무엇이었을까. 그들은 처음부터 황제 숭배를 괜찮다고 말하지 않았을지도 모른다. 황제 숭배라는 의식은 표면상 완전한 배교를 의미했기 때문이다. 그러나 발람의 교훈은 이방 여인과의 결혼이나 음행이 괜찮다는 데서 시작한다. 이것이 문제가 되는 이유는 이방 여인과의 음행을 통해 숭배로까지 이어지는 것에 있었다. 버가모에서의 발람의 교훈은 아마도 이와 비슷하게 진행되었을 것이다.

황제 숭배 후에는 제사를 지난 고기를 시장에 내다 파는 것이 원칙이었다. 또한 숭배 의식 후 제사를 드리던 여사제와 음행을 하는 것이 당시의 관습이었다. 어쩌면 이러한 교훈을 가진 자들은 황제 숭배 후 고기를 사고 파는 것과 숭배 의식을 행하는 여 사제들과의 음행을 '괜찮다'고 가르쳤을지도 모른다. 이러한 행위를 할지라도 한 번 얻은 구원은 사라지지 않을 것이라는 교훈을 교회 내에 퍼트렸을지도 모를 일이다.

이것이 처음에는 그들의 믿음에 별문제가 되지 않을 수도 있다. 그러나 발람의 교훈이 그러했던 것처럼 이제 막 시작된 그리스도의 교회 안에서 이 교훈은 음행과 고기의 매매를 통해 그들로 하여금 서서히 예수님의 이름을 배교하게 만들었을 것이다.

바울은 고린도 교회 성도들에게 우상의 제물로 드린 고기를 되도록 먹지 않기를 권유한다. 이것이 믿음이 연약한 자들에게 올무가 되어 멸망으로 가게 할 수 있음을 경고하며 만일 이것이 그들로 인해 구원을 얻게 하지 못하게 한다면 바울은 영원히 고기를 먹지 않을 수도 있다고 말한다(고전 8:11-13).

그러나 주님은 여기 버가모 교회 성도들에게는 이보다는 더 견고한 입장을 취하기를 원하셨다. 다니엘이 자신이 먹는 음식을 통하여 뜻을 정하였던 것과 같이 세상에서 취할 수 있는 모든 것을 하나님의 영광을 위하여 다 내려놓고 믿음을 지켜주기를 요구하셨던 것이다. 정말 어려운 일이 아닐 수 없다.

이러한 믿음이 성도들에게 필요했던 이유는 그곳이 버가모였고 사단의 위가 있는 곳이었기 때문이었다.

이러한 상황에서 아마도 예수님은 '안티파스'라는 이름을 통해 버가모 교회 성도들 모두 오직 그리스도만 취하고 세상의 모든 것을 버리는 입장을 지켰던 '증인들'이 되기를 원하시지 않았을까.

삶의 모든 것을 걸어야만 믿음을 지킬 수 있는 영적, 육적인 상황에서 당시의 버가모의 교인들은 죽느냐 사느냐의 기로에서 선택해야만 했을 것이다. 이때 사단이 가져다준 편리한 복음은 발람의 교훈이나 니골라 당의 교훈과 같이 우상 숭배의 제물을 먹는 것과 음행을 할지라도 주께서 우리의 상황을 이해하실 뿐 아니라 용납하실 것이라는 가르침이었다.

그러나 주님은 버가모에서 살아갈 때 이 교훈을 단호히 대적하라는 말씀을 전하고 계신다. 또한 안디바와 같이 주님의 이름을 져버리지 않아야 한다고도 말씀하신다.

이것이 안디바라는 이름이 뜻이 '모든 것' -πᾶς을 '대적하는'- αντι이라는 뜻으로 추정되는 이유다. 그가 정확히 누구인지는 모르나 그는 자신의 이름처럼 모든 것을 거부하고 그리스도만 취하는 충성된 증인이었다. 자신 안에 있는 모든 욕망을 십자가에 못 박아 예수 그리스도 안에서 죽는 믿음을 선택하는 사람이었다.

또한 요일 2:18절에 나오는 'ἀντίχριστος'(안티크리스토스-적그리스도)는 안티파스와 매우 비슷한 합성 단어의 형태를 지니고 있다. '안티-대적하다', '크리스토스-그리스도'라는 두 단어가 합쳐져 그리스도를 대적하는 세력을 나타낸다. 적그리스도는 '그리스도'를 대적하는 세력을 뜻하는 것이다. 여기서 요한은 적그리스도를 한 사람으로 정의하지 않고 그리스도를 대적하는 세력으로 이 단어를 사용한다.

그때에 있던 적그리스도뿐 아니라 앞으로 나타날 적그리스도는 그리스도를 대적하고 세상의 모든 것을 취하는 욕망을 가진 존재이자 세력이다. 반대로 '안티파스'란 세상의 모든 것을 거부하고 오직 그리스도만 취하는 증인들의 모습을 한 단어로 압축한 것이 아닐까.

그리스도께서는 오로지 하나님만 취하시고 모든 것을 내려놓으신 믿음으로 본을 보이신 분이다. 그분이야말로 안디바의 믿음의 중심이 되신 분이셨다. 다니엘이 그러했고, 그 세 친구가 그러했으며 모세뿐 아니라 수많은 믿음의 조상들이 세상만 아니라 자신 안에 있는 욕망, 심지어 탐식까지도 내려놓으며 오로지 그리스도만 취하고 사단이 원하는 다른 것을 취하지 않기 위해 세상과 또 자기 자신과 목숨을 걸고 싸웠다.

예수님은 지금 버가모 교회 사자뿐만 아니라 버가모 교회에 속한 모든 성도들에게 이러한 믿음을 강조하신다. 이 서신을 받고 있는 사자와 종들뿐 아니라 일반적인 성도들에게까지 다니엘과 같은 믿음을 요구하신다는 뜻이다.

그 이유는 발람을 통해 이스라엘 민족 이만 사천 명이 죽었던 것처럼 교회가 파괴될 것을 염려하셨기 때문이었다. 버가모 교회는 영적인 죽음 앞에서 선택해야 했다. 오직 그리스도냐 아니면 세상이냐.

발람의 전략

발람의 이름을 비유하여 말씀하시는 것은 그들의 전투가 가지는 위험이 어느 정도인지를 보여준다. 또한 어떠한 전투를 벌여야 하는지도 보여준다.

발람은 발락의 요구에 따라 이스라엘 백성을 저주하려 하지만 하나님은 그의 입술을 강권하셔서 오히려 축복하게 하신다. 이에 발람이 꾀를 내는데 이스라엘 백성들이 스스로 악을 선택하게 만드는 것이었다.

이스라엘 백성이 이방 여인을 통해 음행하게 하고 이것으로 인해 우상숭배하게 함으로써 그들의 신앙의 체계를 무너뜨리게 하는 것이었다.

앞서 말한 바와 같이 그들은 애굽에서 430년 동안 이방신을 섬긴 사람들이었다. 그 습성은 쉽게 변하지 않았고 겨우 40년도 채 안 되게 하나님을 알게 된 이스라엘 백성에게 이와 같은 미혹은 치명적이었다. 막 자란 아이에게 신종 플루 바이러스를 대량으로 주입한 것이나 다름없었다.

이 전투에서 이스라엘이 2만 4천 명의 죽음으로 끝이 난 이유는 비느하스의 결단 때문이었다.

모든 이스라엘 사람이 보는 앞에서 시므온 지파의 한 족장이 이방 민족 족장의 딸을 데리고 와 천막 안에서 음행을 행한다. 그는 한 지파의 족장이었고 데리고 온 여인 또한 이방 민족의 족장의 딸이었다. 단순한 연인관계가 아닌 정치적 의도가 있었다는 뜻이다.

이때 비느하스는 이스라엘 모든 사람들이 보는 앞에서 두 사람을 찔러 죽인다. 그는 두 사람의 행위 안에 모세의 지도자적 권위를 무시하는 것뿐 아니라 그를 세우신 하나님의 권위에 대적하려는 중심이 있었다는 것을 알고 있기 때문이었다.

이스라엘의 체계가 서느냐, 무너지느냐의 기로에 서 있었던 것이다. 만약 비느하스가 그들을 창으로 꿰뚫어 죽이지 않았다면 이스라엘 사람들은 하나님을 두려워하지 않았을 것이고 그들은 전멸을 면하지 못했을 것이다. 하나님을 두려워하지 않는 것보다 무서운 질병은 없다.

버가모 교회 사자에게 요구하시는 믿음은 안디바와 같이 모든 것을 부인하는 믿음뿐 아니라 비느하스와 같은 결단에 대한 믿음이었다. 하지만 오해하지 말아야 할 것은 그렇다고 비느하스처럼 살인을 저질러야 한다는 뜻은 아니다.

비느하스와 같은 중심을 요구하시는 동시에 요한이나 바울의 지침처럼 그들을 교회 바깥으로 쫓아내야만 하며 교훈의 성격을 가려내야 한다는 뜻으로 볼 수 있을 것이다.

발람의 교훈이 있었던 구약의 이스라엘의 상황은 온 세상 가운데 단 하나의 교회가 이제 막 광야에서 탄생한 것이나 다름없었다.

하지만 신약에 와서 교회는 유대 안에서만 일어난 것이 아니라 아시아

전역에 퍼졌을 정도로 성장해 있었다. 또한 죄 사함을 씻는 제사 자체가 예수 그리스도 안에서 드리는 제사로 변형되었고 나를 대신해 다른 제물을 죽여야 하는 것이 아니라 예수 그리스도 안에서 우리 자신을 죽임으로서 제사를 드리는 예배로 바뀌게 되었다.

따라서 교회의 상황을 바꾸기 위해 사자가 나서서 발람의 교훈을 퍼트리는 자들을 죽일 이유가 없었다. 다만 사도들은 그들을 내어 쫓으라고 명한다(고전 5:11~13).

그럼에도 그들을 내어 쫓아야 하는 단호한 행위는 쉽지 않았을 것이다. 사람들에게 목숨을 걸어야 하는 믿음, 세상의 모든 욕망을 포기해야 하는 믿음을 가르쳐야 하고 그에 따르지 않으면 교회에서 나가야 한다고까지 말하는 것은 어려운 결정이었다.

하지만 주님이 이렇게까지 요구하시는 것은 버가모 교회가 살고 있는 곳이 사단의 보좌가 있는 곳이기 때문이다. 그만한 믿음이 아니면 사단이 벌이는 싸움에서 절대 승리할 수 없다는 것을 아시기 때문이다.

안디바. 이 이름의 뜻과 그의 죽음.

그들의 삶 속에서 매일 닥쳐오는 죽음의 위기. 시민권의 박탈과 의식주에 대한 위협. 진정한 믿음이 아니면 이 모든 것을 감당한다는 것은 거의 불가능에 가까운 일이었다.

계 13장에 멸망의 짐승을 우상화하는 땅의 짐승이 우상을 경배하지 않는 사람과 표를 받지 않는 모든 사람들에게 매매를 금지하게 하는 일이 나온다. 그곳에서 믿음을 가지고 승리하는 길은 매매권을 포기하고 매매할 수 있는 표를 받지 않는 것이다.

계 13장을 보기 두려워하는 가장 큰 이유는 과연 그런 세상에서 믿음을 지키며 살아갈 수 있는지에 대한 의문과 공포 때문이다. 그러나 여기서 우리가 알아야 할 것은 계 13장에서 일어났던 일이 버가모 교회에서도 다니엘의 시대에도 있었다는 사실이다.

그 안에서 믿음을 지키며 사는 사람들이 있었고 어떤 이들은 모든 것을 부인하며 지하 무덤에서 300년을 넘게 버티며 살았었다.

안디바 안에 역사하시는 하나님의 전능하심은 능히 성도들 가운데 역사하시어 믿음의 삶으로 이끄실 뿐 아니라 승리하게 하실 것이다. 모세에게 하셨던 말씀이, 다니엘에게 하셨던 말씀이, 다니엘의 세 친구에게 역사하셨던 하나님의 전능하심이 또한 우리에게도 역사하실 것이다.

이는 어려운 일이지만 반드시 우리를 믿음 안에서 자라게 하시어 해내게 하시는 하나님의 능력이신 성령께서 우리 안에 계심을 믿어야만 할 것이다.

Revelation

2장
올리가 : ολιγα

적은 누룩이 온 덩이에 퍼지느니라 갈 5:9

나는 죄가 될 수 있는 것은
조금도 생각하지 않았다.

조지 뮬러

✝ 두어 가지

힘겨운 싸움을 하고 있는 버가모 교회 사자를 향해 예수님은 네 안에 대적할 것이 있다고 말씀하신다. 이때 주님은 '두어 가지'라는 형용사로 대적하고 있는 정체에 대해 설명하신다.

'두어 가지'는 헬라어로 '올리가'라고 하는데 영어로 'few', 'little'이라는 말로 번역된다. 'a few'와 'few'는 조금 다른데 전자는 '많은 것보다 적은 것'이고 후자는 '아주 적은' 양의 물건이나 사람의 수를 나타낼 때 사용한다. 따라서 '올리가'는 '아주 적은 ~'이라고 해석할 수 있다.

예수님이 서신을 보내시는 첫째 이유는 교회가 당면한 문제들을 정확하게 알게 하기 위함이다. 그들이 가진 질병이 무엇인지, 적이 어떠한 존재인지를 보여주신다면 주님이 하시려는 치료와 싸움이 어떤 의미인지를 알 수 있을 것이다. 그래야만 성도가 사단에 대항하여 싸울 의지를 주님께 간구할 수 있기 때문이다.

예수님은 우리 안의 작은 문제까지 세밀하게 점검하시는 분이다. 어떤 사람에 대하여 예수님은 이 문제를 그저 지켜보기만 하실 때도 있다. 그러나 버가모 교회 사자에겐 '지금' 그것을 단호히 처리하라고 말씀하신다.

왜 그러시는 걸까. 안디바 장에서 말한 것처럼 지금 예수님이 요구하시는 믿음은 버가모 교회 사자 뿐 아니라 버가모 교회에 속한 모든 성도들이 자신의 모든 욕망을 대적하며 싸워야 하는 믿음이다. 죄와 싸우되 피 흘리기까지 싸워야 하는 믿음이 요구되고 있는 것이다.

그 이유는 그들이 있는 곳이 사단의 위가 있는 적진의 가장 중심부이기 때문이다. 따라서 응당 그에 따르는 싸움이 힘들고 어려웠을 것이고 주님은 그들에게 강한 믿음을 요구하실 수밖에 없었을 것이다.

바이러스 하나의 침투로도 죽을 수 있었던 옛 이스라엘처럼 교회 안에 몰래 들어온 작은 교훈이 버가모 교회 자체를 무너뜨릴 수도 있다는 것을 주님이 말씀하시는 것이다.

아주 작은 두어 가지는 다름 아닌 발람의 교훈을 지키는 자들, 니골라당의 교훈을 지키는 자들이 교회 안에 있다는 것이다. 예수님이 '올리가'라는 말을 쓰신 것을 보면 위와 같은 문제가 버가모 교회 사자가 생각하기에 매우 작은 것이라고 여기고 있었거나 혹은 그 문제의 여부조차 모르고 있었던 상황이었으리라 추측된다.

그렇지 않았다면 주님은 이와 같은 형용사를 사용하시지 않았을 것이다. 분명한 것은 버가모 교회의 사자가 지금 가지고 있는 문제 너머의 상황을 제대로 보지 못하고 있었다는 점이다.

발람의 계략이 설마 이스라엘 인구의 이만 사천 명을 죽이게 할 줄 누가 알았겠는가. 아무리 저주하고 싶어도 할 수 없었던 하나님의 약속의 민족인 이스라엘이었다. 그럼에도 불구하고 견고한 하나님의 축복의 댐을 무너뜨릴 위기를 만든 건 다름 아닌 음행이었고, 우상을 숭배하는 제물을 먹는 것이었다.

우리는 때론 하나님이 요구하시는 믿음에 대하여 억울한 마음이 들기도 한다. 이렇게까지 해야만 하는 걸까. 이렇게까지 우리의 욕망과 뜻을 내려놓아야 하는 걸까.

하지만 주님은 우리에게 모든 재산을 팔아 진주 하나가 묻힌 밭을 사라고 말씀하신다. 전부가 아니면 받지 않으신다. 왜냐하면 그분은 우리를 사랑하시기 때문이다.

'나는 너의 전부를 원해'라는 말은 진정한 사랑을 원하는 사람이라면 누구든 요구할 수 있는 말이다. 그렇다면 이 요구가 정말 나라는 존재는 다 사라지고 그 사람의 요구대로만 살아가는 것인가. 이것이 그들에게 불행하기만 한 것인가.

신기한 것은 사랑하기에 요구하지 않아도 전부를 주고 싶고 전부를 요구하게 된다는 것이다. 놀라운 것은 서로가 서로를 사랑할 때 우리의 정체성이 더욱 확고해진다는 사실이다. 하나의 가정을 이루는 과정에서 아내, 남편, 엄마, 아빠라는 관계를 통해 '내'가 누구인가를 더 깊이 발견하고 이해할 수 있다. 만일 이 가정이 완벽하다는 가정을 세운다면 말이다.

사실 이 세상은 죄로 인해 불안정하고 불완전하다. 이 때문에 어떤 가정이건 문제가 있기 마련이다. 어떻게 보면 완벽한 관계가 무엇인지 사람은 모르고 있는지도 모른다. 서로의 불완전함을 때론 포용하고 격하게 싸우기도 하며 근근히 이어나가고 있는 것 같기도 하다.

그럼에도 불구하고 우리는 서로의 관계를 통해 '나'를 새롭게 발견해 낸다. 세상의 관계도 이러할진대 우리가 하나님과 하는 사랑에서 발견하는 '나'라는 존재는 얼마나 찬란할지 상상도 할 수 없을 것이다. 서로에게 완전히 헌신한다는 것은 곧 내가 얼마나 위대한 사람인지를 증명할 기회이기도 하다.

그렇기에 우리의 욕망은 어느 것 하나 가치 있는 것이 없다. 살아가는 동안 모든 것을 욕망하다가도 죽음은 어느 순간 우리에게 모든 것을 내려놓으라고 요구하게 될 것이다. 이 세상에서 벌어 놓은 돈도 쌓은 명예도 심지어 먹고 싶었던 음식도 내려놓고 발가벗은 우리 안의 마음과 생각과 뜻을 판단하게 될 것이다.

예수 그리스도 안에서 승리하는 단 하나의 길은 십자가 위에 나 자신을 못 박는 것이다. 매일 끓어오르는 욕망을 십자가 위에 올려놓고 주의 공의가 나를 죽이시는 과정을 매일 겪는 것이다. 성령은 이 일을 지지하신다.

성령의 일

갈 5:17절에 성령은 육체의 소욕을 거스르신다고 기록되어 있다. 모든 것을 부인하고 예수 그리스도만 취하는 안디바의 이름의 뜻은 그리스도 인들이 가져야 할 진정한 소망이 무엇인지를 보여준다.

아주 작은 욕망과 사소한 그 어떤 것이라고 할지라도 우리의 신앙 전체를 무너뜨릴 수 있다. 주님이 우리 안의 '올리가'에 대하여 말씀하실 때 우리는 그것을 가지고 십자가의 제단 앞으로 나아가야 한다. 회개하고 돌이켜야만 한다.

그저 '잘못했습니다'라는 말과 인정을 넘어서서 실제로 내려놓는 믿음의 용기가 행위로 나타나야 한다. 이것이 힘들다면 우리는 용감하게 주님께 부탁해야만 한다. 우리가 할 수 있는 것은 아무것도 없으며 따라서 그것을 해 주실 수 있는 성령께 부탁드려야 하는 것이다.

이것조차도 할 수 없다는 사람은 거짓말하는 것이다. 세상에 생각을 표현하지 못하는 사람은 단 한 사람도 없기 때문이다. 이것을 하지 못하는 이유는 그렇게 기도할 마음과 뜻이 없기 때문이다.

그럼에도 불구하고 하나님은 이렇게 기도하지 못하는 우리를 불쌍히 여기신다. 때문에 사도들과 선지자들과 목자를 두고 우리를 양육하게 하시며 주님의 길로 인도하신다.

성령께 부탁드려야 한다는 것을 그들을 통하여 알려주시며 생명의 길이 여기에 있음을 보여주시는 것이다. 버가모 교회 사자에게 말씀하시는 주님의 의중이 여기에 있다. 하나님의 선하신 뜻은 모든 교회를 멸하는데 있지 않다. 어떻게든 살리시려는 데 있다.

하나님의 치료

이스라엘이 발람의 꾀로 무너질 위기에서 하나님은 염병을 보내신다. 이로 인해 이만 사천 명이나 죽었다. 어떤 이는 이 사건을 보며 하나님이 왜 그렇게 하실 수밖에 없으셨는지보다 그렇게 많은 사람이 죽었다는 사실에 더 많은 중점을 둔다. 하나님은 잔인하신 분이다. 그렇게까지 해야만 했을까 하고 질문하기도 한다.

우리의 삶에서도 잔인하게 보이는 수많은 일들이 일어난다. 내 생에서 왜 이런 일이 일어나는 것입니까 하고 질문하게 된다. 그러나 지금 우리에게 일어난 상황보다 그 뒤에 더 중요한 진실이 숨어 있다. **우리는 이 일이 아니면 절대 질문하지 않는다. '왜'라는 말조차 꺼내지 않는다.**

우리에게 아무런 일도 일어나지 않는 것이 언뜻 보면 좋아 보이지만 아무 일도 일어나지 않는 사람은 아무것도 깨달을 수가 없다. 그것이야말로 가장 큰 저주다.

우리의 악함을 하나님이 상관하시지 않는다는 것은 우리가 사생아와 다름없다는 것을 증명하는 것이나 마찬가지기 때문이다.

버가모 교회 사자가 대적해야 할 모든 것(πας)은 '욕망'에 관한 것이다. 이 욕망이 어떠한 것인지 예를 들어보고자 한다. 세상은 지배하는 자들과 지배를 받는 자들로 나뉜다고들 한다(이는 온전히 세상의 기준이다).

소위 '갑과 을의 관계'라는 관념이 세상에 전반적으로 깔린 것이 사실이다. 여기서 세상이 부추기는 '내' 안의 욕망은 이러하다.

내가 갑이 되는 것은 괜찮지만 내가 을이 되는 것은 억울하다. 갑과 을의 관계에서 '갑질'이라고 하는 행동은 오직 을만이 볼 수 있다. 갑의 욕망을 통해 오는 을의 고통은 오직 을만 겪기 때문이다. 갑은 자신의 욕망이 을에게 어떤 해를 끼쳤는지조차 이해하지 못한다. 갑이 그보다 훨씬 갑인 사람에게 당해보지 않는 한 을의 입장을 이해할 수도 없고 이해조차 되지 않을 것이다.

그러나 반대로 나 스스로가 아무리 을이라고 외쳐도 내 안엔 늘 갑이 되고자 하는 욕망이 도사리고 있다. 다시 말하면 나는 을이어서 억울하다고 하지만 사실 나 또한 누군가에게 갑질을 하고 있는 갑의 입장일 수 있다는 뜻이다. 종 중에서도 서열이 있다고 하던가. 그 종들을 관할하는 모든 지배자 아래서 다 같은 종들뿐인데 그 종들은 자신의 계급에 따라 갑질을 하고 싶어한다.

세상이 나누는 지배층과 비(非) 지배층의 분리는 따라서 오직 한 사람과 그 외 사람이라고 할 수 있다. 그 한 사람은 또다시 사단이라는 공중 권세의 종일 뿐이다. 우리가 알고 있는 지배층도 비지배층도 모두 사단의 권세 아래서 불쌍하게 살아가는 종들이다.

모든 사람은 욕망의 종이요 악한 영들의 지배를 받고 살아가는 가련한 존재들이라고 할 수 있다.

이러한 세상의 구조에서 고통은 다른 사람들이 가지고 있는 욕망을 이야기해 줄 뿐 아니라 자신이 가지고 있는 욕망을 보게 해주는 스크린과 같다. 우리가 실은 사단의 영역 아래 있다는 것, 혹은 사단의 공격 아래 있다는 것을 말씀해주시기 위해 하나님은 염병과 같은 힘들고 고통스러운 질병도 때론 허락하신다.

그렇다면 교회 안의 영역은 이러한 욕망이 적용되지 않는 걸까. 아니다. 교회 또한 사람이 모여 있는 공동체다. 교회 안에도 여전히, 오히려 더 많은 욕망이 존재한다. 왜냐하면 사단은 그 누구보다도 하나님을 믿는 영혼을 공격하려 하기 때문이다.

하나님은 이러한 영적인 전쟁의 실체를 아신다. 때문에 주님은 우리에게 고통을 허락하실 수밖에 없다. 고통을 통해 우리 안에 본질적으로 들어온 욕망을 드러내고 제거하시는 것이다.

하나님이 이스라엘 백성 안에 염병을 보내신 것은 분명 이스라엘 백성들 안에 아직도 존재하고 있는 욕망 즉, 모세를 대적하려는 마음 혹은 애굽에서 이방신을 섬길 때 경험했던 음행을 그리는 욕망을 드러내게 하기 위함이었다.

발람의 꾀는 이스라엘을 향한 맹렬한 모략이었다. 만약 하나님이 보내신 염병이 아니었다면 이스라엘은 이러한 실체에 대하여 알 수 없었을 것이다. 질문하지도 않았을 것이다. 시므리가 고스비와 함께 모든 사람들이 보는 앞에서 자신의 천막으로 들어갔다는 것 자체가 하나님이 세우신 모세의 권위에 대하여 불만을 품은 행위였다. 그는 자신이 가지고 있던 을의 입장이 싫었을 수도 있다. 그 사람의 욕망은 지도자가 되는 데 있었고 이런 욕망을 품은 자들이 이만 사천 명이 있었다는 것을 그 결과를 통해 알 수 있었다.

하나님의 축복은 결코 사람의 욕망을 통해 나타나지 않는다. 모세가 자신의 욕망을 내려놓았을 때, 다니엘이 자신의 뜻을 정하여 음식을 먹지 않았을 때 하나님은 축복하신다. 이러한 축복은 한 사람을 살리시고 제국을 살리며 하나님의 나라를 세운다. 이것이 축복의 견고한 성벽이라고 할 수 있다.

염병을 퍼트리신 하나님의 책략은 살을 찢고 암 덩어리를 제거하기 위한 거대한 수술이었다. 비느하스는 하나님이 어떠한 마음으로 염병을 보내셨는지를 정확히 이해하는 사람이었다. 이 때문에 그는 결단하여 창으로 그 두 사람을 찔러 죽일 수 있었다.

우리에게 모든 것을 요구하시는 하나님의 말씀과 경종은 전적으로 우리를 위함이다. 거룩하게 하시기 위함이다. 모든 것을 사서 천국을 사려고 하는 우리의 소망에 대한 믿음이 무엇인지를 알려주시는 것이다.

또한 우리에 대한 그분의 사랑이 어느 정도인지를 보여준다. 진정으로 사랑해야만 요구할 수 있기 때문이다.

하나님이 '올리가'를 대적하라고 요구하시는 성도들은 우리가 상상하는 것 이상으로 큰 그릇을 가진 사람들이다. 그들의 믿음의 싸움은 마치 전방에 나가 적진에서 싸우는 자들과 같다. 그들의 싸움으로 인해 후방에 있는 성도들이 이겨낼 수 있다.

후방에 있든 전방에 있든 우리는 주님이 말씀하시고 대적하시는 '올리가'에 대한 의미를 잊어서는 안 된다. 주님은 모든 성도들을 깊이 사랑하시고 그분의 전부를 들여 사랑하시며 또 요구하시기 때문이다.

이 글을 읽은 이 중 혹 하나님이 버가모 교회 성도들에게 요구하시는 것과 같은 믿음의 소망을 요구하시는 자들이 있는가. 그들은 자신의 위치가 얼마나 중요한지를 깨달아야 할 것이다.

또한 그 자리가 얼마나 영광스러운 자리인지를 깨닫고 비느하스와 같이 담대해야 할 것이다. 그로 인해 하나님은 축복하시고 교회와 세상을 치료하실 것이다.

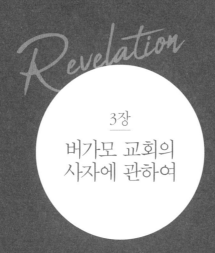

Revelation

3장
버가모 교회의
사자에 관하여

내가 진실로 진실로 너희에게 이르노니
모세가 너희에게 하늘로부터 떡을 준 것이 아니라
내 아버지께서 너희에게
하늘로부터 참 떡을 주시나니 요 6:32

이기는 그에게는 내가 감추었던 만나를
주고 또 흰 돌을 줄터인데 계 2:17

회개하라

버가모 교회 사자가 어떠한 사람인지를 가장 잘 나타내는 구절은 아마도 이기는 자가 얻을 상급에 관한 구절일 것이다. 그가 이겼을 시 얻을 상급은 이와 같다.

감추었던 만나를 주고, 흰 돌을 줄 것이다. 그 돌 위에 새 이름을 기록한 것이 있나니 받는 자 밖에는 그 이름을 알 사람이 없느니라.

버가모 교회 사자는 특별히 '말씀'과 연관된 종이다. 사자에게 나타나신 예수님은 **좌우에 날 선 검**을 가지신 분이고, 회개하지 않으면 벌하실 예수님의 모습도 **검을 들고** 나타나시며 또한 이기는 자의 상급도 감추었던 **만나**를 주신다.

여기에 사용되는 '검'은 'ῥομφαία'(롬파이아)로 히 4:12절에 나오는 것처럼 의사들이 쓰는 수술용 칼이 아닌 전쟁용, 살상용 검을 의미한다.

계 19:15절의 예수님의 입에서 나오는 이한 검처럼 'ῥομφαία'는 전쟁을 위한, 심판을 위한 검이다.

수술용 검이든 심판을 위한 검이든 검의 원재료는 하나님의 말씀이다. 죄인을 구하기 위한 말씀과 죄인을 심판하기 위한 말씀이 모두 하나님의 말씀인 것과 같은 이치다.

예수님이 버가모 교회 사자에게 좌우에 날 선 검을 가지신 이로 나타나셨다는 것은 곧 하나님의 말씀의 양면을 가지고 나타나셨다는 것을 의미한다.

하나님은 구원하시기 위해 말씀하시기도 하지만 또 공의를 위해 말씀하기도 하신다. 그분은 이것을 쓰시기 위해 주저하지 않으신다. 그분은 사랑하시는 동시에 공의를 행하시고 전쟁을 이기시는 하나님이시기 때문이다.

예수님은 버가모 교회 사자와 버가모 교회 모두를 사랑하신다. 사랑하시기에 그분은 말씀하시고 사랑하시기에 그 분은 구원하신다.

지금 버가모 교회의 상황은 발람의 계획과 같은 교훈이 막 들어온 상태다. 주님은 이 상황에서 만약 이 세력이 커지면 돌이킬 수 없게 되고 교회는 붕괴될 것이며 애쓰고 힘써서 싸워왔던 모든 것이 무너지게 될 것이라고 경고하신다. 만일 그 조그만 세력들을 가만 놔두게 되면 그들의 육적인 목숨과 욕망은 부지할 수 있으나 공의를 가진 하나님의 말씀은 그들을 심판하게 될 것이다.

예수님이 검을 드셨다는 것은 이와 같이 발람의 교훈을 가진 자들을 향해 단호한 말씀으로 심판하시겠다는 뜻이다. 인간이 하는 말의 효력은 그다지 큰 것 같지 않다. 하지만 예수님의 말씀은 말씀하신 그대로 이 땅에서 효력을 발휘한다.

그분의 말씀은 그래서 무겁고 비밀한 것이며 상상할 수 없는 힘을 발휘하게 된다. 만약 예수님이 우리에게 '넌 토끼가 될 거야'라고 직접 말씀하신다면 정말 그렇게 될 것이라는 뜻이다. 그의 말대로 실제 이 땅에서 그 일이 일어난다는 것은 엄청난 위력을 가진다. 이스라엘이 광야에서 이만 사천 명이 죽었던 대참사가 그러한 심판의 일환이었다.

그렇다면 버가모 교회 사자가 회개해야 한다는 것은 어떤 행동을 해야 한다는 것을 의미하는 걸까. 발람의 교훈, 그 교훈을 지키는 자들이 교회 안에 있다는 사실, 그곳이 사단의 위라는 영적인 위치로 볼때 비느하스와 같이 단호한 결정을 내리는 것이 그가 해야만 하는 회개의 진정한 행동이라고 볼 수 있다.

그러면 여기서 또 하나 생기는 의문점은 비느하스와 같이 그 사람을 죽여야 하는 것인가, 그게 아니라면 어떻게 행동해야 할 것인가에 대한 부분이다. 그 답은 이미 예수님의 모습을 통해 드러나고 있다.

그것은 말씀이다. 말씀으로서 교훈을 가진 자들을 책망하고 그들의 행위가 잘못되었음을 교회의 사자로서 말하는 것이다. 그들은 예수님이 교회 위에 세우신 사자로서의 권위를 가지고 있고, 성령의 음성을 듣고 살아가는 자인 만큼 그들의 분량에 따라 말씀의 위력도 따라올 것이다. 그 권한을 사용해야 하는 때라는 것을 주님은 말씀하신다.

바울도 요한도 다른 사도들도 음행하는 자들과 우상의 제물을 먹는 것에 대하여 금기령을 내렸으며 그와 같이 행하는 자들에 대하여 '내가 가면 용서치 않으리라'고 단호하게 말씀하고 있다.

그것은 교회의 생존이 달려있기 때문이었다. 그와 같은 자들을 용납하는 것이 사단의 치명적인 노림수라는 것을 사도들은 꿰뚫고 있었다. 예수님은 그가 이와같은 조치를 내리지 않는다면 즉, 회개하지 않는다면 예수님이 직접 오셔서 말씀의 검으로 싸우시겠다고 경고하신다.

사자는 이러한 검의 실체를 알고 있었을 것이다. 이것을 알았다는 것은 그가 말씀의 권위와 능력을 손에 쥐고 있는 사람이라는 것을 뜻한다.

베드로가 아나니아와 삽비라의 거짓을 꿰뚫어 보고 그들에게 말하였을 때 시체가 되어 나가게 된 것을 본 모든 교인들은 베드로 사도가 가진 하나님의 말씀의 권위에 두려워했다.

이와 같이 아무리 절친한 사람이라고 할지라도 단호하게 그 사람을 내어 쫓는 일이 그에게 필요했고 하나님의 말씀으로 그 권위를 내보이는 일이 버가모 교회 안에서 필요했다. 그 방법이 정확히 어떤 것인지는 아마도 버가모 교회 사자만이 알고 있었으리라 추측된다.

전쟁을 하는데 있어 장군은 사랑으로 군사들을 독려하기도 하지만 때론 단호한 군법을 시행하는 것을 군사들에게 보이는 것도 중요하다. 군법이 어지럽혀지면 군사들은 위에서 내려오는 명령에 대하여 우습게 여기고 자기의 마음과 뜻대로 행하여 대열에서 이탈하는 일이 벌어지기 때문이다.

이러한 상황은 적과 싸우기도 전에 이미 전쟁에서 진 것이나 마찬가지다.

예수님이 버가모 교회 사자에게 단지 '회개하라'라는 말씀을 하신 것을 보면 그는 회개의 행위가 무엇을 뜻하는지를 알고 있었던 듯하다.

그만큼 말씀 가운데 서 있었던 사람이었고, 그 안에서 살고 있을 뿐 아니라 말씀의 능력도 있었던 지도자였음을 알 수 있다. 그의 말씀으로 인해 모든 성도들이 자신의 욕망과 싸워 이겨내고 '사단의 위'라는 악조건 속에서도 승리하게 되는 것이다.

감추었던 만나

이러한 그의 리더쉽은 결국 이기는 자들로 하여금 하늘의 감추어진 만나를 취하는 영광을 얻게 할 것이다. 감추어진 만나는 무엇을 뜻하는 것일까.

만나는 이스라엘이 광야에 있을 때 매일 먹었던 하늘의 양식이다. 예수님은 말씀이 되신 자신을 비유하여 하늘에서 주신 만나와 같다고 비유하기도 하셨다(요 6:50). 이곳에 언급된 만나는 하나님의 놀라운 말씀이라는 것을 알 수 있다.

게다가 감추어졌던 만나를 보여주신다는 것은 아무에게도 공개하지 않았던 비밀한 하나님의 말씀을 보여주시겠다는 뜻이다. 비유하자면 일급 비밀 요원들에게 정부의 가장 중요한 문서를 열람할 수 있는 권한을 주겠다는 것이다.

이는 매우 영광스러운 상급이다. 그만큼 그들에 대한 하나님의 신뢰가 그들에게 있다는 뜻이다.

그다음으로 주어지는 흰 돌은 감추어진 만나를 열람하는 자격증과 같은 것이다. 여기에서 조약돌, pebble을 뜻하는 헬라어 'ψῆφος'(프세포스)가 사용되는데 이 단어는 선거학(psephology)의 어원으로도 알려져 있다. 그리스 시대에도 투표 제도가 있었는데 당시 투표할 때 조약돌처럼 작은 돌 위에 그 사람의 이름을 적어 투표했다고 한다. 일종의 시민권과 같은 것이라고 보면 될 것이다.

하나님이 이기는 자에게 흰 돌을 주시겠다는 것은 그에게 하늘나라의 시민권을 줄 뿐 아니라 다른 사람들이 보지 못하는 감추어진 만나를 볼 수 있는 자격증을 주겠다는 뜻이다.

흰 돌 위에 그 사람밖에 알 수 없는 이름이 적혀 있다는 것은 그 누구도 해킹할 수 없는 암호를 지녔다는 것을 뜻한다. 그 사람 외에 그 이름을 알 수 없다는 것보다 더 강력한 암호 시스템은 없을 것이다.

　말씀을 사모하였던 사람, 세상에 있는 모든 것을 주고 하나님의 말씀의 진리를 산 사람, 비느하스와 같은 결단력을 지닌 강인한 영적 권위를 가진 사람, 다니엘과 같이 모든 것을 부인하고 오직 하나님만 소망했던 사람이 바로 버가모 교회 사자와 같은 사람이라고 할 수 있을 것이다.

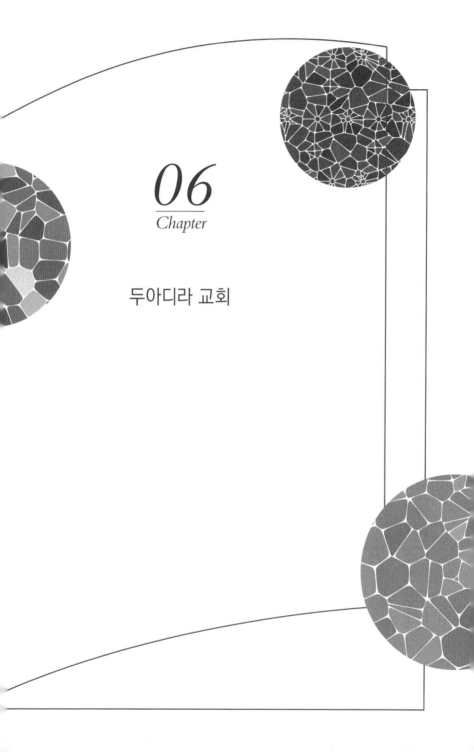

06
__Chapter__

두아디라 교회

Revelation

1장
두아디라들

저희 시체가 큰 성길에 있으리니 그 성은 영적으로
하면 소돔이라고도 하고 애굽이라고도 하니
곧 저희 주께서 십자가에 못 박히신 곳이니라 계 11:8

솔직히 갖가지 압력에 둘러싸인 우리의
일상 경험은 끊임없이 우리를 생각하는 삶에서
멀어지게 하고 있으며 많은 면에서
- 특히 신학적으로 - '바보로 만들고' 있다.

달라스 윌라드 - 〈하나님의 모략〉 중에서

한국의 서울, 미국의 뉴욕

평생 한국에서만 산 사람에게 뉴욕을 설명하려면 어떻게 해야 할까. 우리는 아마도 이렇게 말할지도 모른다.

"뉴욕은 우리나라의 서울 같은 곳이야."

만약 영국의 런던, 중국의 상해를 설명해야 한다면 우리는 미국의 뉴욕 같은 곳이라고 말하게 될 것이다. 상해나 런던은 뉴욕처럼 많은 사람들이 오가는 경제의 중심지이기 때문이다.

정치 도시는 정치 도시로 경제 도시는 경제 도시로 비유해 표현하는 방식은 예나 지금이나 다르지 않으며 비유하는 대상만 다를뿐 시대를 타지 않는 게 분명하다. 시대를 살아가는 존재는 어디까지나 인간이기 때문이다.

헬라어는 시제, 성별 그리고 단수와 복수를 한 단어의 변화를 통해 알 수 있다. 이것을 통해 화자가 설명하고자 하는 상황을 더 정확하게 알 수 있으며 성경의 원문도 마찬가지다.

여기서 짚고 넘어갈 것은 성경에 대하여 '정확하다'라고 표현하는 데엔 어디까지나 하나님의 관점에서만 가능하다는 점이다.

우리는 그 정확성을 측정할 수 없다. 왜냐하면 사람은 하나님의 생각을 다 알 수 없으며 이해할 수도 없고 그에 대해 완벽히 객관적으로 증거 할 수도 없기 때문이다.

다만 분명한 것은 하나님은 모든 상황-시대, 민족, 방언-을 고려하셔서 진리를 드러내셨고 우리는 그 경계 안에서만 이해할 수 있음을 알아야 한다는 사실이다. 우리는 어디까지나 인간이고 그분의 무한하신 이해력을 따라갈 수 없다.

또한 그가 보고 아는 모든 것을 인간이 안다는 것도 불가능하다. 하나님은 인류에게 그의 의도를 전달하시기 위해 최선을 다하시며 그 열심이 인간의 상황에 맞춰 나타나는 것뿐이다. 그가 감추시는 것은 감추고 그가 드러내시는 것은 드러내시는 이유다.

따라서 성경이 헬라어로 기록되었다면 하나님은 우리가 알아야 할 만큼의 상황을 최소한 그 언어의 특징을 통해 알리셨을 것이라 추측한다. 그 때문에 나는 두아디라라는 헬라어 한 단어가 가진 특징을 통해 하나님의 메시지를 이해하는 것이 가능하다고 믿는다. 그분이 계시하시는 만큼 말이다.

정말 희한하게도 일곱교회의 고유명사들인 교회의 이름은 모두 단수일 것 같지만 예외가 있다.

두아디라와 **사데** 두 지역은 **복수**로 기록되어 있다. 이것이 여기서 두아디라라는 말을 살피고자 하는 가장 큰 특징이다. 즉, 이 지역을 표기하는 'Θυατείρος'(Thuateiros)는 **두아디라 지역들**이라고 번역해야 한다.

아시아가 로마령 중 작은 지역이 아니었다는 것을 감안하면 아마도 위와 같은 비유를 이곳에서도 사용했을 거라 짐작하는 바다. 한국의 경제 도시 서울과 같은 곳을 아시아의 경제 도시 두아디라라고 표현할 수 있다는 뜻이다.

두아디라라는 단어를 복수 형태로 쓴 것을 보면 두아디라와 같은 여러 지역이 아시아에 있었을 가능성이 있다. 우리나라에서도 광역시라고 하면 부산만 있는 것이 아니라 대전, 광주, 인천 같은 지역이 있는 것과 같은 이치다.

길드라는 상업 조직은 두아디라에도 있었겠지만 다른 여러 지역에도 퍼져 있었을 것이다. 어디서나 장터는 존재했고, 우상을 섬기는 것이 로마의 중요한 문화 형태였으며, 우상의 제물을 팔기 위한 시스템(길드)은 반드시 필요했기 때문이다.

이것은 로마의 생존을 책임지는 데 있어 반드시 필요했을 뿐 아니라 매우 자연스러운 도구였을 것이다. 따라서 두아디라와 같은 곳은 아시아뿐 아니라 로마 전역에 퍼져 있었을 것이다. 대표적으로 아시아에서 두아디라가 가장 크고 유명했을 뿐이다. 세계 모든 경제 도시 중 미국의 뉴욕이 가장 크고 유명한 것처럼 말이다.

같은 영적 세력

이 사실이 왜 그리 중요한 것일까? 앞서 말한 바와 같이 에베소 교회가 직면해야 할 영적인 싸움, 서머나 교회가 겪어야 할 싸움, 버가모 교회 사자가 해야 할 회개의 행위가 각 지역의 특성에 따라 달라지기 때문이다.

따라서 그 지역이 어떠했다는 것과 영적인 상황이 어떠한지를 알아보는 것은 지금 이 말씀을 접하는 우리에게도 매우 중요한 관점이다.

다시 말하지만 성경은 시대를 초월하며 그것을 넘어서서 시대를 아우르고 통찰하는 능력이 있다. 요한계시록 말씀도 마찬가지다.

우리는 그중 가장 중요한 부분을 관찰하고 있으며 이 관찰을 통해 우리가 살고 있는 곳에서 싸울 수 있는 무기를 어떻게 사용해야 할지 알아볼 수 있는 눈이 생길 것이다.

'두아디라들' 혹은 '사데들'이라는 헬라어의 복수 형태를 지나치지 않는 것은 이러한 관찰에 있어 매우 중요하고 핵심적인 부분 중 하나이다.

두아디라들과 사데들에 대한 또 다른 특이점은 본문에서 드러난다.

예수님이 교회를 향해 쓰시는 서신의 대상은 본문에서 '너', '너희'라고 칭한다. 물론 두아디라와 사데 교회의 사자들에게도 그렇게 말씀하시지만, 예수님은 특별히 두아디라와 사데 교회를 향한 서신에서 '두아디라에 있어', '사데에 그 옷을 더럽히지 아니한 이'라고 표현하신다.

이것만 보아도 예수님이 그 지역들이 가지고 있는 영적인 세력을 어떻게 생각하셨는지를 알 수 있다. 이것은 다만 어떻게 생각하시는 것을 나타내시는 것뿐 아니라 우리가 그 지역을 어떻게 생각해야 할지도 알려주시는 그분의 방식이었다.

하나님이 기억하시거나 집중하여 보시기 위해 상대를 향해 얼굴을 두시는 경우는 두 가지다.

하나는 사랑하시고 간섭하시고 구원하시기 위해, 불쌍히 여기시고 긍휼히 여기시기 위해 그들의 기도와 신음을 기억하고 얼굴을 드신다.

다른 경우는 그 반대의 경우다. 죄악이 관영한 곳 혹은 지극히 악한 자들을 보셨을 때다. 소돔과 고모라, 이스라엘의 부르짖음이 극에 달했던 애굽, 죄악으로 가득 찬 바벨론을 기억하시고 얼굴을 드셨을 때가 그 예다.

이는 구원이 아니라 심판이며 긍휼히 아니라 분노로 기억하시는 경우다.

우리는 역사 속에서 선한 사람의 이름도 기억하지만, 극도로 악한 사람의 이름도 기억한다. 한니발과 히틀러가 그 예라고 할 수 있다.

죄가 가득 찬 도시를 보면 우리는 소돔과 고모라를 예를 들어 말하기도 한다. 이는 그 지역이나 인물이 역사가 흘러도 그 유명함이 지워지지 않을 만큼 악했다는 것을 의미한다.

두아디라와 사데도 마찬가지다.

예수님이 서신에서 두아디라의 이름을 언급했다는 것은 그만큼 두아디라가 하나님의 눈에 악하고 타락했다는 것을 의미한다. 이러한 곳에 있는 종들과 성도들의 싸움이 어떠한지를 단지 이 단어만으로도 알 수 있다.

심지어 예수님은 이렇게 말씀하신다.

'두아디라에 남아 있어 이 교훈을 받지 아니하고 소위 사단의 깊은 것을 알지 못하는 너희에게 말하노니 다른 짐으로 너희에게 지울 것이 없노라.'

두아디라에 있는 교훈이 얼마만큼 사단의 권세 아래 있었는지를 보여주는 구절이다.

진리의 적정선

교회의 사자요 리더임에도 불구하고 그 교훈의 깊이를 절대 알려 하지 말라는 예수님의 말씀은 그 교훈이 그만큼 강한 미혹을 가지고 있다는 것을 뜻한다.

우리가 전쟁을 할 때 생각해야 하는 것이 있다. 그것은 우리가 전쟁 중이라는 것과 적의 힘이 어느 정도인지를 간파해야 한다는 것 그리고 나의 힘이 어느 정도인지를 알아야 한다는 점이다.

우리가 아무리 하나님의 능력 아래 있다고는 하나 우리가 사단을 대적해야 할 경우가 있고 피해야 할 경우가 있다고 성경은 말한다. 이것을 정해 놓으신 이유는 우리로 하여금 그분의 온전한 은혜 아래 있게 하시기 위함이다. 이것이 가장 안전한 우리의 피난처이자 무기다.

기쁠 때는 즐거워하고 곤고한 날에는 생각하라는 말씀 뒤에 하나님은 사람으로 하여금 장래 일을 생각하지 못하게 하시기 위함이라고 말씀하신다(전 7:14).

이것은 육체를 가진 인간이 감당할 수 있는 경계가 어디인지를 아시기 때문이며, 이것을 정해 놓아야만 하나님의 지혜안에서 살아갈 수 있기 때문이다.

우리의 미래를 아는 것 혹은 도에 넘도록 진리를 아는 것이 도움이 될 것 같지만 실은 너무 많이 아는 것은 우리에게 독이 된다. 앞서 말한 바와 같이 하나님이 성경을 기록하시는 데 있어 감추실 것은 감추시고 드러내실 것은 드러내시는 이유다.

인생은 즐거움보다 고난이 훨씬 많다. 만약 우리가 직면해야 할 고통스러운 미래의 세세함을 본다면 그 누가 선한 것을 택하고자 하겠는가.

우리가 받을 훈련과 고통과 고난 혹은 좋은 일이라고 할지라도 그것이 적절하게 계시되면 우리에게 약이 되지만 만약 모든 것을 알게 되면 아예 자포자기하거나 교만해지기 마련이다.

미래는 현재의 선택에 달려있고 이러한 시간적인 흐름의 작용을 아시는 하나님은 어디까지나 인간이 감당할 수 있는 만큼만 보여주기를 허락하시는 것이다.

선악과라는 진리의 사과를 감당하지 못해 인류는 타락해 버렸다. 그것은 비단 과거의 일이 아니며 현재 계속 진행되고 있다. 따라서 하나님은 그의 진리를 계시하실 때도 적정선을 두시고 우리로 하여금 그 안에서만 보기를 허락하신다.

버가모라는 지역적 상황에서 견딘 성도만이 흰 돌을 받아 감추어진 만나를 얻게 되는 것도 이 때문이다. 하나님의 진리라고 해도 인간이 이해할 수 있는 범위가 한정되어 있다. 모든 진실을 알기 위해선 영원이라는 시간 속으로 들어가야만 할 것이며 또한 그 시간마저도 부족할 것이다. 더구나 더 깊은 진리들을 보는 것은 누구에게나 허락되는 것은 아니리라고 믿는다.

흰 돌을 받아 감추어진 만나를 본다는 것은 인간이 감당하기 힘든 감추어진 진리를 본다는 의미다. 일급 기밀을 열람하게 되는 것이다. 버가모 지역의 상황을 겪지 않는다면 인간으로서 하나님의 진리 중에서도 일급 기밀에 속하는 진리를 이해할 수 없다는 것을 아시기 때문이다.

이러한 이치는 악한 영들이 가지고 있는 진실을 보는 것에도 적용된다. 하나님은 때론 우리에게 사단의 영역들에 대하여 보여주실 때가 있다.

적을 알아야 하기 때문이다. 이 땅의 공중 세력이 가지고 있는 힘과 그 세력의 어떠함을 우리에게 알려주심으로써 어떻게 싸워야 할지를 가르쳐 주시는 것이다.

그러나 이것도 경계가 있다. 사단의 깊은 것을 알면 우리가 싸워 이길 것 같지만 어떤 것은 우리가 싸워보기도 전에 사단의 미혹에 넘어갈 것을 하나님은 아신다.

전쟁은 피할 때와 싸울 때를 알아야만 이길 수 있다. 적진의 한가운데로 돌진하는데 검도 없이 들어간다면 혹은 적의 숫자가 너무 많다면 그것은 패배를 안고 가는 것이나 마찬가지다. 돌을 이고 물에 들어가는 것과 같은 격이다.

하나님이 두아디라 성도들에게 악한 영들을 이길 수 있는 힘과 지혜를 주실 수 없어서가 아니라 그것을 이기기 위한 힘이 인간에게 허락되지 않기 때문이다.

또한, 이것은 선택의 문제다.

악을 알지 말라고 했음에도 굳이 알려고 가는 것은 그 자체로 악을 선택한 것이나 다름없다. 마약을 하면 어떤 느낌인지 알아본답시고 마약을 해 보기로 작정하는 것과 같은 이치다.

우리 안에서 작용하는 욕망은 온갖 핑계를 다 끌어 쓴다. 욕망의 근본적인 목적은 단지 욕망을 채우는 것에 있지만 사람들은 그것을 채우기 위한 이유들을 포장하기에 바쁘다. 두아디라에 있어 사단의 깊은 것을 알지 말라는 예수님의 말씀은 이러한 욕망의 근원을 꿰뚫어 보시고 하신 말씀이다.

적을 알아야 싸울 수 있다는 명목으로 욕망을 채우기 위해 사단의 깊은 것을 알아야 한다는 말은 하지 말라는 뜻이다. 사단의 깊은 것을 알려 하는 자들은 이미 그 미혹에 빠질 준비가 되어 있는 사람들이라는 것을 주님은 아신다.

그들은 이미 악을 선택했고 주님이 말씀하시고 원하시는 길을 버린 사람들이었다.

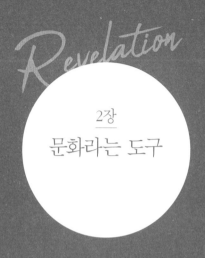

Revelation

2장
문화라는 도구

그 여자는 자주 빛과 붉은 빛 옷을 입고
금과 보석과 진주로 꾸미고 손에 금잔을 가졌는데
가증한 물건과 그의 음행의 더러운 것들이 가득하더라 계 17:4

우리의 머리는 오직 현실만을 중시하는
사이비 과학적 견해로 가득 차 있다.
그 모든 오랜 역사의 기록을 현실에 대한 지각이 아니라
상상이나 망상에 지나지 않는 환각의 문제로
취급할 준비가 되어 있는 셈이다.

달라스 윌라드 – 〈하나님의 모략〉 중에서

바벨론들

두아디라는 이처럼 사단의 깊음이 있는 매우 강력한 공중세력을 가지고 있는 곳이었다. 유혹과 미혹이 난무한 지대였다.

시골의 공중세력과 도시의 공중세력이 다르지만 이러한 달콤하고 미혹적인 세력은 도시에 더 많을 것이다. 더 많은 문화가 존재하고 그에 따른 부작용이 더 많이 존재하기 때문이다.

나라마다 있는 대도시들, 세계적인 대도시들이 두아디라가 가지고 있었던 공중세력과 비슷한 세력이 존재하는 곳이리라 추측된다. 화려한 문화와 온갖 진기한 음식과 유명한 사람들이 즐비한 곳엔 악한 영들 중에서도 더 깊고 어두운 세력이 침투하게 마련이다.

문화라는 도구는 그야말로 나라도 민족도 방언도 초월하는 힘이 있기 때문이다. 사람들의 마음과 영혼에 침투하여 그들의 마음을 사로잡을 수 있게 만들 수 있는 것이 문화이기에 그 영역에서 일하고 있는 거장들을 자기편으로 만들 수만 있다면 그 한 사람을 통해 더 큰 영적인 군대를 만들 수 있다. 이것은 악한 영도 하나님의 영도 전쟁을 할 때 취하는 가장 기민한 방법이다. 악한 세력도 하나님의 세력도 장군을 만들어 군대를 양성하여 전쟁을 치러야만 하는 것이다. 물론 그 장군의 본질적 마인드는 완전히 다르겠지만 말이다.

　악한 세력은 더 유명하고 더 똑똑하고 더 화려한 사람들을 골라 미혹한다. 그들 안에 있는 욕망을 알고 있기 때문이다. 더 크고자 하고 더 유명해지고자 하며 더 알려지고 싶어 하는 욕망과 공중 권세는 서로 계약을 맺고 손가락을 걸어 서로를 이용한다. 하지만 어디까지나 이용당하는 존재는 인간이 될 것이다.

　그러나 하나님은 덜 유명하고 덜 똑똑한 사람들을 장군으로 부르신다. 왜냐면 하나님이 그 안에서 역사하시기를 덜 주저하기 때문이다.

　소위 다양한 방면에서의 부자들은 자신들이 가지고 있는 재능과 힘을 하나님 앞에 쉽사리 내려놓지 못한다. 따라서 천국을 취하는 것이 그만큼 어렵다. 인간은 누구나 가지고 있는 것만큼 능력을 행사하려고 하기 때문이다.

　하나님이 부자를 쓰실 땐 그 부자들이 손에 가지고 있는 것을 다 놓기까지 훈련하시고 쓰신다.

　모세가 그러했고, 바울이 그러했다. 그러나 만약 그들의 손에서 가지고 있다고 생각하는 것들을 내려놓기만 한다면 세상에서 가장 진귀한 것을 취할 수 있을 것이다.

바로 하나님이다.

이런 과정을 거친 문화의 거장들은 자신의 영광을 기꺼이 버릴 수 있는 선택을 매번 해내고야 말며 좁은 길을 가려는 무리를 능히 이끌 수 있는 믿음을 획득한다. 하나님이 사람으로 하여금 심령이 가난하기를 요구하시는 이유다.

그러나 두아디라처럼 눈앞에 보이는 유혹이 난무한 곳에서 이러한 믿음의 선택을 한다는 것은 매우 어렵다. 그래서 예수님은 이것을 '짐'이라고 표현하신 것 같다.

날마다 이러한 유혹을 물리쳐야 한다. 이러한 사회에서 타협하지 않고 살아가는 것이 꼭 소외당하는 것 같은 기분이 들고 때론 바보 같다는 생각도 들게 될 것이다.

그들이 누리고 있는 문화에 나도 동참해서 같이 웃고 떠들고 싶기도 할 것이다. 모두가 그러고 있는데 나만 바보처럼 정절을 지키고 있는 것이 우스꽝스러워 보이기도 할 것이다.

소돔과 고모라에 있었던 롯처럼 불의로 인해 괴로워하면서도 하나님의 말씀을 지키며 살아가는 삶의 방식이 힘에 겨운 것이다. 이러한 싸움이 있는 곳, 사단의 깊은 것이 요동하는 곳, 이곳이 바로 두아디라다.

교회 안의 이세벨

일곱교회들에게 보내는 서신들의 매 단락엔 교회들이 살고 있는 지역의(영적, 육적) 사단의 세력을 서술하는 비유적 이름이 빠지지 않고 등장한다. 발람, 니골라당 같은 이름을 들어 사단의 세력이 어떠한지를 구체화하고 이에 대한 대응을 종들에게 알리기 위해서다.

두아디라들 그러니까 두아디라와 같은 영적 지대에서 살고 있는 종들이 이겨내야 할 악한 세력은 무엇일까.

하나님은 이에 대하여 한 단어로 표현하신다.

이세벨.

예수님은 이 이름 안에 두아디라의 상황이 어떠한지 어떻게 싸워야 하는지 또 어떠한 사람들이 그 안에 존재하는지를 보여주신다.

그럼, 이세벨은 어떠한 세력이었을까.

하나님은 발람이라는 이름을 통해 발람과 결탁한 발락의 세력, 그에 속아 넘어가는 이스라엘의 모습과 그것을 이기는 비느하스의 모습까지 생각하게 하신다.

구약의 장면을 통해 전쟁의 성격이 어떠한지를 계시하시는 것이다.

율법이 예수 그리스도의 그림자로 작용하여 유대인들 및 우리 현시대에 있는 사람들까지도 그분의 모습을 잘 이해할 수 있게 해 놓으셨다면 구약의 모든 이야기들 또한 시대를 초월하여 우리에게 메시지를 던질 수 있을 것이다. 이에 더 나아가 앞으로 일어날 일들의 예표처럼 계시되어 우리로 하여금 현 상황을 잘 이해하여 싸워 이길 수 있도록 계시되었음이 분명하다.

이와 같이 예수님은 두아디라 교회 사자에게 구체적인 영적 세력이 무엇인지를 계시하시기 위해 구약의 이세벨이라는 이름을 사용하신 것이리라 믿는다.

그렇다면 이세벨이라는 이름을 통해 알 수 있는 여러 가지 상황을 한 번 나열해 보자.

이세벨은 북이스라엘의 가장 악한 왕이었던 아합왕의 부인이었다. 이 여인은 이방 여인이기에 바알을 섬겼고 아세라를 우상 숭배했으며 자신뿐 아니라 자신의 남편도 우상 숭배를 하도록 유도했던 여자였다.

또한 선지자들의 씨를 말리기 위해 보이는 족족 처단하려 했다. 당시 이세벨의 권력이 두려워 숨는 선지자들을 숨겨주는 사람까지 있었을 정도면 이세벨의 권세가 북이스라엘에서 얼마나 대단했는가를 볼 수 있다.

이에 대응하여 싸우는 대 선지자가 있었으니 그 이름은 엘리야였다. 바알과 아세라를 섬기는 850명의 선지자들과 경쟁하여 이긴 그였으나 바로 이어진 이세벨의 공격으로 인하여 그는 로뎀 나무 밑에 나아가 죽기를 청했다.

엘리야가 이스라엘에서 하나님을 섬기는 자는 자신 밖에 남아 있지 않다고 생각할 만큼 이스라엘의 영적인 상황은 암울했으며 이세벨의 세력은 날로 커가고 있는 것처럼 보이는 시대였다.

북이스라엘은 사마리아를 중심으로 여로보암의 시대에 갈라진 그때로부터 금송아지를 섬기기 시작해 이방 문물이 유입됐다. 수많은 우상 숭배가 성행하고 하나님을 섬기는 자들이 계속적으로 감소하고 있었다.

이러한 악함이 극에 달했던 때가 이세벨이라는 왕비가 등극했을 때였다. 북이스라엘 전체를 악함으로 몰고 갔던 아합왕의 극악함도 이 여인 때문이었다. 따라서 당시 하나님의 교회의 실질적인 세력은 다름 아닌 이방 여인이었던 이세벨이라는 것을 알 수 있다.

사람들은 이세벨의 간교함에 속아 넘어가기도 했고, 음란하게 우상 숭배를 했으며 그 일은 이스라엘 전체 즉, 교회 전체에 퍼져 하나의 문화가 되었다.

이 상황에서 그녀를 대적하고 그 세력을 대적한 대표적인 선지자 엘리야가 나서서 싸우게 된다. 바알을 섬기는 제사장들의 무력함을 표면화하고 그것을 보게 한 엘리야의 믿음이 하나님의 교회로 하여금 우상 숭배하는 제사장들을 죽이도록 하나님의 교회를 설득한다.

예수님은 이와 같은 구약의 상황이 두아디라 지역에도 비슷하게 적용되고 있음을 이세벨이라는 이름을 통하여 말씀하시는 것이다.

북이스라엘은 두아디라 지역의 교회요, 실제적인 통치자는 이방신을 섬기라고 부추기는 이세벨과 같은 자칭 선지자와 같은 자요, 그를 따르는 수많은 종들은 마치 엘리야와 싸운 850명의 바알과 아세라의 선지자와 같다.

엘리야와 같았던 두아디라 교회의 사자는 교회를 장악하고 있는 이세벨의 세력에 몸살을 앓고 있었다. 그녀의 음행도 알고 미혹도 알지만, 어찌할 방도가 없을 만큼 세력은 견고하고 마치 자신이 외도이고 이세벨 쪽이 정도인 것만 같다는 생각이 든다.

게다가 이세벨의 능력은 출중했다. 그녀의 영험함이 종들의 욕망을 채워줄 뿐 아니라 그녀의 말도 실제적으로 증거가 나타나니 이는 두아디라 교회 사자로 하여금 진짜 하나님의 역사가 무엇인지 아리송하게 만들었을 것이다. 때문에 두아디라 교회 사자는 로뎀 나무와 같은 곳에 앉아 부르짖었을지도 모른다.

나는 이제 자격이 없는 것 같습니다.
다 그만두겠습니다.
나는 죽을 것 같습니다.
아무도 나를 따르지 않는 것 같습니다.
나는 혼자서만 주님을 섬길 뿐입니다.

두아디라 교회의 사자는 홀로 이렇게 외쳤을지도 모르는 일이다.

그러나 주님은 사자에게 나타나 이렇게 말씀하신다.

'그녀는 구약의 이세벨과 같은 존재다. 종들을 유혹했고 교회를 망치고 있다. 네가 나와 함께 함을 믿는다면 너는 나아가 이세벨을 향해 당당히 말해야 할 것이다. 이것이 네가 가져야 할 믿음이다.'

두아디라 사자에 관하여는 뒤에 가서 더 다루고, 우선 이세벨에게 예수님이 하신 말씀을 더 살펴보자.

Revelation

3장

그럼에도 회개

나 주 여호와가 말하노라
어찌 악인의 죽는 것을 조금인들 기뻐하랴
그가 돌이켜 그 길에서 떠나서 사는 것을
어찌 기뻐하지 아니하겠느냐 겔 18:23

✝ 하나님이 원하시는 것

내가 그에게 **회개**할 기회를 주었으되 그 음행을 **회개**하고자 아니 하는도다 볼지어다 내가 그를 침상에 던질 터이요 또 그로 더불어 간음하는 자들도 만일 그의 행위를 **회개**치 아니하면 큰 환난 가운데 던지고 또 내가 사망으로 그의 자녀를 죽이리니….

예수님은 이곳에서 회개라는 단어를 세 번이나 사용하신다. 그만큼 이세벨에게 회개할 기회를 여러 번 주셨다는 뜻이다. 그녀가 회개해야 할 행위는 무엇이었을까.

우선 이세벨의 행위는 '간음'이라는 단어로 정의할 수 있다. 일곱교회 서신을 통틀어 간음이라는 단어가 나온 경우는 여기 두아디라 교회뿐이다. 버가모 교회나 다른 교회들 안에 있었던 행위들은 모두 우상의 제물을 먹는 것이나 혹은 음행으로 그친 경우가 대부분이지만 두아디라 교회는 그것을 넘어서서 간음이라는 행위까지 이르렀다는 뜻이다.

'간음'은 결혼한 사람이 배우자 외 사람과 음행을 한 경우를 말한다. 그러나 여기서 말하는 간음은 육적인 간음이 아닌 영적인 간음을 의미한다. 이세벨과 그와 함께한 다른 종들까지 우상의 제물을 먹는 것과 음행을 하는 것도 모자라 아예 **다른 신을 섬기는 중심으로**까지 그 행위가 이어졌다는 뜻이다.

이는 심각한 일이 아닐 수 없었다. 적당한 타협뿐 만이 아닌 하나님과 이방신을 동시에 섬겨도 괜찮다는 교훈을 퍼트림으로서 자신뿐 아니라 다른 종들까지 영적 범죄를 하게 만드는 통로를 열어주게 된 것이다.

그러나 이런 가르침이 과연 예수 그리스도를 믿었던 종들에게 쉽사리 수긍이 되었을까? 무엇 때문에 두아디라 교회의 종들은 자신이 하나님의 종들이라는 것을 앎에도 불구하고 이세벨의 잘못된 가르침에 넘어가 우상 숭배까지 하게 된 것일까. 나는 그 이유가 사람들이 점쟁이에게 점을 치는 이유와 같다고 생각했다.

누구든 세상을 살면서 불안해하고 두려워하는 것들이 있다. 사람들은 누군가가 답을 해주기 원하고 기이한 현상들이나 기적을 보고 증거를 가지기 원한다. 또 그 불안함이 당장에 해결되기를 원한다.

두아디라라는 지역에서 그들은 자신들이 가진 문제를 가지고 때론 고민하고 두려워했을 것이며 정말 이렇게 예수님을 믿는 것이 맞는지 생각했을 것이다.

두아디라 또한 로마령이고, 로마령이라면 황제 숭배가 정치적으로 작용했을 것이 분명하기 때문이다. 두아디라는 큰 도시였으므로 많은 교회와 많은 성도가 존재했을 것이다. 각자의 선택과 결정이 우왕좌왕하는 상태에서 종들은 성도들에게 어떻게 가르칠지를 고민했을 것이다. 이때 이세벨이 등장한다.

이세벨은 교회에서 큰 자리를 차지하고 있었음에 틀림없다. 그녀의 이름이 등장했던 구약의 상황만 보아도 이세벨은 하나님의 교회였던 북이스라엘에서 아합왕의 아내로서 큰 권력을 가지고 있었다.

많은 이방 선지자들을 배출하고 진정한 선지자들은 죽이는 이 양상이 두아디라 교회 상황과 상당히 닮은 구석이 있다. 이세벨로 인하여 교회가 우상 숭배라는 영적 간음을 범하고 많은 종들이 그녀의 교훈에 빠졌다는 것이 그러하다. 그녀는 교회 내에서 상당히 큰 세력이었던 것이다.

그녀가 큰 세력이 되었던 요인은(뒤에 나오는 '침상'이라는 단어에서 더 설명하겠지만) 한 마디로 그녀에게 어떠한 영험한 능력이 있었던 것 같다. 그녀가 행하는 기적과 이적, 예언적 능력 같은 것이 성도들이나 종들의 고민과 부합하여 나타났을 때 사람들은 자연히 그녀의 말까지 신뢰하게 된다.

참으로 안타까운 일이지만 이러한 일은 지금의 교회에서도 일어난다. 영험한 능력이 있다고 소문난 예언자를 찾아간다거나 목사님에게 시시콜콜한 것까지 어떻게 해야 하느냐고 물어보는 일들이 있다. 물론 모든 게다 틀렸다고는 할 수 없지만, 성도들에게 가장 필요한 것은 복음 그 자체다. 세상 사람들이 바라보는 것들을 바라보며 이것, 저것이 다 충족되기를 원하는 욕망이 기반이 되어서는 안 된다는 뜻이다. 교회 안의 어떠한 성도들은 하나님의 뜻을 아는 기도를 하고 있다고는 하지만 실은 기도의 중심이 온통 **나의 고난, 나의 문제, 나의 소망, 나의 성공**에 가 있는 경우가 많다.

　하나님 앞에 우리의 간절한 소원을 말씀드리는 모든 기도가 나쁘다는 뜻은 아니다. 다만 우리의 욕심이 기준점이 된 기도는 성도가 자라나는 매우 초보적인 단계일 뿐이라는 점이다. 성도가 막 태어났을 때 하나님은 성도들의 연약함을 때론 용납하신다. 딱딱한 것을 받아먹을 만한 믿음이 그 안에 없기 때문이다.

　그러나 이런 상태로 가다 보면 세상의 영들이 그들을 속여도 빠져나올 수가 없게 된다. 하나님이 원하시는 성도의 상태는 어떠한 상황에든지 하나님 한 분만 바라보는 상태다. 이 상태에 돌입하면 세상의 어떠한 핍박도 우리 안에서 일어나는 유혹도 분별하며 싸워 하나님 편에 서서 이길 수 있기 때문이다. 이것이 복음이 우리 안에서 역사하여 만들려는 최종적인 모습이다.

　초보적인 단계에서 하는 기도는 실상 하나님이 기뻐하시는 기도가 아니라고 할 수 있는 것이다. 예를 들어 어린아이가 사탕을 사달라고 했을 때 그 부모는 한두 번 그 아이의 요구를 들어줄 수 있다. 그러나 만약 그 아이가 30분에 한 번씩 사탕을 달라고 조른다면 부모는 단호히 '안 돼, 너 계속 먹으면 이 썩어'라고 혼내게 될 것이다.

그러나 사단은 이 요구를 계속 들어준다. 그들의 목적은 우리가 사는 데 있는 것이 아니라 우리를 죽이는 데 있기 때문이다. 그 때문에 이러한 욕심에 기반한 기도는 자칫 사단의 이용 도구가 될 수 있다는 것을 우리는 두아디라 교회의 사건을 보면서 깨달아야 한다.

점을 치는 자들이든 하나님께 점을 치듯 물어보는 사람이든 심령의 중심은 오로지 내가 잘되고 나의 안위를 지키는 것이다. 살고자 하는 자는 죽고 죽고자 하는 자는 살 것이라는 예수님의 말씀과 정 반대의 입장을 가진 심리인 것이다. 영원한 것이 아닌 순간에, 영원한 기쁨이 아닌 잠깐의 고난에 굴복하는 심리가 점을 치게 만드는 것이다.

여기에 더 나아가 사람들이 점쟁이에게 물어보는 두 가지 경우를 살펴보자.

어떤 이에게 1억이 생겼다. 그는 그 돈을 가지고 도박장에 간다. 그리고 이렇게 기도한다. '이 돈으로 화투를 해야 할까요? 아니면 포커를 해야 할까요, 어떤 쪽으로 가야 돈을 더 많이 따게 될까요'라고. 이 기도의 본질은 오직 나의 욕망이 가리키는 곳에만 올인을 하고 있다. 주식도 마찬가지다. 과연 나는 어느 쪽에 투자해야 부자가 될 것인가, 내가 1억이라는 이 소유를 어떻게 해야 더 늘릴 수 있을까에 있다. 참으로 우습지만 우린 때론 하나님께 이런 질문을 기도랍시고 할 때가 있다.

또 다르게는 아무리 돈을 잘 벌고 아무리 높은 명예를 가지고 있다고 해도 마음의 불안과 우울증이 사라지지 않을 때가 있다. 질병의 고통이나 상황에서 오는 아픔이 순간순간 지옥이 되어 그 사람을 괴롭힐 때가 있다. 이때 사단은 때로 광명한 천사와 같이 다가와 그들의 병을 치료해 준다거나 고통을 사라지게 해 주기도 한다.

이러한 미혹에 빠진 사람들은 그런 기적을 행한 사람을 하나님의 진정한 종이라고 착각하고 그 종이 요구하는 것은 무엇이든지 들어주게 된다. 그때부터 그들은 사단의 종노릇을 하게 되고 그들이 가르치는 것은 무엇이든지 받아들이고 행하게 되는 엄청난 결과를 낳는다.

이러한 경우는 매우 분별하기가 어렵다. 왜냐면 성령의 역사도 치료가 일어나고 고통이 해결되는 경우가 있기 때문이다.

하나님은 우리에게 고통을 허락하시기도 하지만 그 고통에서 건져주시기도 하신다. 이는 그들로 하여금 영적인 생명을 얻게 하기 위함이다.

고통 가운데서 하나님을 발견하고 믿음으로 살게 된다면 고통을 허락하신다. 또 다르게 만약 고통 가운데서 하나님의 치료를 경험했을 때 하나님을 알게 되어 믿음으로 생명을 얻는다면 하나님은 치료하신다.

따라서 우리가 사단에게 속지 않기 위해서 본질적인 것을 볼 수 있어야한다. 점을 치려고 하는 첫 번째의 경우도 두 번째의 경우도 모두 우리의욕망에 기반하고 있다는 사실을 보아야 한다.

　마약 중독자가 마약을 하고 싶은 욕망이나 아이가 사탕을 먹고 싶어하는 욕망은 첫 번째에 속한다. 그러나 고통을 벗어나고 싶어 한다거나죽을 것 같은 우울증에서 벗어나고 싶은 간절함을 과연 욕망이라고 볼수 있을까 싶지만, 이 또한 우리의 욕망에서 오는 것이 틀림없다. 열매를보아 나무를 안다고 똑같은 기적이 우리 삶에 일어났을 때 우리는 이 일이후의 결과를 가만히 묵상해 보아야 한다. 과연 나의 영을 살리는 것인가 혹은 죽이는 것인가.

　두 번째의 경우를 더 살펴보자. 이 부분은 우리의 마음에 매우 어려운부분일 뿐 아니라 분노를 동반하게 된다. 어쨌거나 고통은 아프고 힘들기때문이다. 그렇다고 하나님은 무조건 고통을 당하라고 외면하신다거나그 자리에서 깨닫기만 하라고 하시지 않는다. 그분은 고통 속에 있는 영혼들을 매우 불쌍히 여기신다.

　암에 걸린 사람은 살을 찢어 그 안에 있는 덩어리를 메스로 도려내어야만 한다. 이때 우리의 본능은 당장이라도 수술대에서 내려가고 싶어 한다. 너무나 고통스럽기 때문이다. 그러나 하나님은 삶에서 오는 고난을통해 우리의 영혼을 치유하기를 원하시며 우리를 영원한 희락으로 끌어들이기를 원하신다.

이는 매우 어려운 이야기지만 때로 하나님의 칼 같은 말씀이 혼과 영과 및 관절과 골수를 깨어 쪼개지 않으면 우리는 죽을 수밖에 없다. 다시 말하지만 우리는 잔인하며 나를 절대 봐주지 않는 악한 상대와 심각한 영적인 전쟁을 치르는 중이다.

지옥에 다녀온 사람들의 간증을 들어본 적이 있다. 지옥에 있는 영혼들이 예수님을 보면 '나를 긍휼히 여기셔서 나를 이곳에서 잠깐이라도 나오게 해 주세요'라고 소리친다고 한다. 물론 그들이 본 것이 완전한 진리인 성경의 가르침이라고 할 수는 없다. 그러나 이것만큼은 알 수 있다. 만일 예수님이 그들을 지옥에서 잠깐 꺼내준다고 할지라도 그들은 또다시 죄를 짓게 될 것이며 회개하지 않을 것이라는 사실이다.

주님이 주시는 고난의 목적은 우리를 진정한 회개로 이끄시어 영원한 생명으로 들어가게 하시는 데 있다. 사단은 이러한 하나님의 목적을 알고 있기에 핍박받아야 할 때 핍박받지 않는 방법을, 고난받아야 할 때 고난받지 않을 방법을, 기뻐해야 할 때 불평하는 방법을 보여주고 알려준다. 이세벨은 어디까지나 사단의 이러한 계획을 실행시키는 도구에 불과하다.

물론 모든 고난이 죄를 회개하는 것에만 목적을 두진 않는다. 그러나 고난이 왔을 때 사람은 살아왔던 순간들을 돌아볼 기회를 얻게 된다.

인간의 위대함이 여기에 있다. 하나님의 나라가 세워질 수 있는 '사람'이라는 땅의 위대함은 여기서부터 시작되는 것이다.

날 때부터 소경 된 자를 두고 이스라엘 사람들은 그의 고난의 이유가 죄에 있다고 말한다(요 9:2). 그러나 예수님은 그의 고난의 이유가 하나님의 영광을 나타내기 위함이라고 말씀하신다. 그 사람이 하나님의 영광을 나타내는 하나님의 나라가 되는 기회가 아이러니하게도 고난에 있는 것이다.

단순히 고난에서 벗어나기 위해 죄를 회개하고 하나님께 기도하는 마음과 진심으로 죄를 뉘우치고 하나님을 사랑함으로 기도하는 마음은 다른 것이다. '이 고난에서 벗어나게만 해주세요'하는 기도는 하나님의 능력만을 바라는 기도다.

하나님의 진리에도 하나님의 마음에도 아무 관심이 없는 허공을 치는 소리에 불과하다. 하나님을 사랑하는 사랑이 그 안에 없는 것이다.

오병이어의 기적을 본 후 이스라엘사람들이 예수님을 왕으로 추대하려 했던 이유는 그들의 배가 채워졌기 때문이다. 사실 그들이 바랐던 왕은 예수님이 아니었다. 그들의 주인은 배였고 허기짐과 고난에서 벗어나는 것이었다(빌 3:19).

하나님의 나라는 이와 같이 배를 신으로 삼는 자들의 것이 아니다. 하나님의 나라에 들어가는 자들은 이미 하나님의 나라가 그 안에 세워진 자들이다. 진리의 나라, 진리로 인해 자유로워진 나라, 고난과 아픔이 있어도 하나님의 영광이 될 기회를 싸워서 얻은 자들의 나라가 바로 그들의 나라가 되는 것이다.

아브라함에게 주신 축복은 예수 그리스도를 통해 우리에게로 흘러왔다. 그를 통해 우리는 의와 공도를 행할 수 있는 의로움을 입었고 우리의 의가 되신 예수 그리스도를 통해 우리는 완전함에 이를 수 있다. 이것이 사람이 지어진 목적이요 최종적인 하나님의 꿈이다.

이세벨은 이런 위대한 하나님의 사람이 되는 기회를 빼앗는 존재다. 단순히 그 고난에서 벗어나 하나님의 나라로 가는 길을 막고 진심으로 하나님을 사랑할 수 있는 기회를 빼앗는 사단의 도구다. 끝까지 종노릇에서 벗어나지 못하도록 잠깐의 고난에서 벗어나게 하는 것이다.

이것은 매우 분별하기 어려운 사단의 전략이다. 이 전략과 싸우는 고통당하는 자들에겐 고통스러운 진실이다.

성령께서 우리를 도우시길 기도한다. 진리를 아는 지식을 볼 수 있는 영안이 열려 고난의 의미를 알게 하시길, 진정으로 우리가 섬겨야 할 주인이 누구인지를 볼 수 있게 하시길 기도한다. 하나님은 우리를 완전하게 하실 것이다. 이것이 우리가 가야 할 길이다.

이세벨은 두아디라 교회 성도들이 상대해야 할 매우 강력한 미혹의 세력이었다. 첫 번째의 경우에 있는 사람이든 두 번째 경우의 사람이든 이세벨은 그녀의 능력을 통해 사람들에게 진통제를 선물한다. 당장에 일어나는 기적과 치료, 이적이 그들의 마음에 있던 불안함을 잠깐 덜어준다. 그리고 사단은 그녀를 통해 우상 숭배가 괜찮다는 독약 같은 교훈을 그들에게 선물한다.

이 교훈은 예수 그리스도에 의해 구원을 얻으면서도 현재 상황에서 우상 숭배와 타협해도 괜찮다는 편리한 복음이다. 두아디라에서 목숨을 걸고 예수님을 믿어야 하는 그들에게 이보다 더 달콤하고 위험한 미혹이 있었을까. 또 문화의 범람 지역에서 더 많은 문화의 혜택을 누리고 싶은 그들에게 이 교훈은 그야말로 욕망에 날개를 달아준 격이다.

첫 번째의 경우에도 두 번째의 경우에도 만약 성도가 하고 싶은 데로만 하게 된다면 성도들은 영적으로 죽게 될 것이다. 이렇듯 사단은 사람들의 욕망을 간파하고 교회 안에서 역사하여 거짓 증거와 이적을 성도들과 종들에게 가져다준다. 이세벨이라는 존재는 다만 우리 안의 욕망이나 간절함과 결탁한 결과물일 뿐이다.

종들이 이세벨의 역사에 넘어갔던 또 다른 이유는, 하나님이 이것을 이용하여 **진짜 하나님의 성도와 아닌 자들을 가려내시기 위함**이다. 그 때문에 하나님은 때론 그것들이 역사하도록 놔두기도 하신다(살후

2:11~12). 하나님을 선택하지 않고 세상을 선택한 사람들의 마음의 중심을 아시기 때문이다.

아간의 숨긴 제물, 아나니아와 삽비라의 숨긴 재산과 같은 것들이며 혹은 사울이 권력을 놓치지 않기 위해 하나님의 뜻을 어기고 먼저 제사를 드렸던 행위나 구약의 이세벨이 자신의 권력을 놓지 않기 위해 하나님의 엄청난 역사 이후에도 여전히 엘리야를 잡아 죽이려 했던 마음과 같은 것들이다.

우리가 여기서 중요하게 관찰해야 할 사실은 그렇게 악한 존재들이 교회 안에 있다는 점이다. 마치 바알을 섬겼던 이스라엘 사람들이나 바알의 선지자들이 이스라엘이라는 교회 안에 살고 거주했던 것과 마찬가지다. 예수님은 두아디라 교회에서 이세벨 뿐 아니라 그녀와 함께 간음을 행한 자들의 마음과 그 뜻을 간파하셨지만 그럼에도 그들에게 회개를 촉구하셨다고 말씀하신다.

주님은 이세벨이 회개하기를 원하셨다. 그녀에게 기회를 주었다는 것은 그 분이 이세벨의 회개를 원하셨기 때문이다. 그녀를 곧바로 죽이실 수도 그녀의 모든 것을 순식간에 앗아갈 수도 있었다. 하지만 한 명의 범죄가 죄에 이르게 하듯 한 명의 회개가 수많은 이들을 살릴 수 있기에 주님은 그녀에게 회개의 기회를 주셨다는 것을 알 수 있다. 아무리 악한 자들도 회개하는 데 이르기를 원하시는 하나님의 마음을 볼 수 있는 구절이다(겔 33:11).

이세벨도 어쩌면 처음엔 하나님께로부터 온 영적인 능력이 임하였던 하나님의 사람이었을지도 모른다. 그러나 그 능력을 사모하는 사람들이 늘어나고 그에 따라 세력이 점점 커지면서 그녀의 존재감은 교회 안에서 커졌을 것이다.

시간이 흐름에 따라 그녀는 교회 내에서 잡은 권력에 취해 세상과 타협하고, 더 나아가 타협의 선을 넘어섰을 것이다. 그녀는 욕망에 사로잡힌 존재가 되어 자신이 어떤 말을 하고 어떤 일을 하고 있는지를 알면서도 하나님께 가지 못하는 상태가 되어 버렸을지도 모른다.

그러나 여기서 우리가 주목해야 할 점은 이세벨이라는 이름은 단지 이세벨이라는 한 사람에게 국한된 것이 아니라 두아디라 교회 전체에 존재하는 영적인 세력을 지칭한다는 사실이다.

두아디라라는 지역 안에 존재하는 영적 세력은 우리 안에 있는 다양한 욕망을 자극한다. 여기에서 살아가는 자들의 치열한 싸움이 여기에 있다.

성도들의 마음의 뜻과 중심 즉, 예수 그리스도의 나라를 향한 심지는 매일 두아디라 지역에서 활동하는 욕망과 부딪혀 전쟁을 벌이게 된다. 하지만 이세벨은 그 싸울 힘마저 스스로 놓게 하는 교훈을 퍼트렸다.

'굳이 그렇게까지 싸울 필요가 없다', '주님은 우리가 어떠한 행동을 하든 우리를 버리지 않으시고 사랑하실 것이다'는 편리한 복음을 두아디라 성도들에게 전파한 것이다. 이 교훈은 매일 괴로우리만치 예수 그리스도의 복음으로 인해 세상과 싸우라던 사도들의 가르침보다 훨씬 편리한 것이었다.

게다가 그녀가 행하는 기적과 표적은 마치 하나님이 그녀를 선택해 그들에게 **새롭고도 현대적인** 복음을 허락하신 것 같은 느낌이 들게 했을지도 모를 일이다.

그러나 앞서 말한 바와 같이 욕망을 채우기 위해 이세벨에게 가서 교훈을 들었던 사람들은 가룟 유다가 그러했던 것처럼 욕망에 동하여 더이상 싸우고 싶어 하지 않는 마음의 중심을 가진 자들이었다. 하나님은 단지 그녀를 통해 가려내시는 것뿐이다. 우리의 마음의 중심은 우리 스스로가 아는 것이 아니라 마음을 만드신 하나님만 정확하고 세세하게 아신다.

그런데도 하나님은 미혹의 영을 보내시기만 하시는 것이 아니라 그의 진정한 종들을 통하여 진리를 말씀하게 하신다. 미가의 경우가 그러했다. 아합왕을 죽이기 위하여 미가를 제외한 다른 모든 선지자들에게 거짓 영들을 보내시지만, 하나님은 한 편으로 미가에게 진실을 계시하신다.

이 두 가지를 보여주시는 이유가 무엇일까.

그것은 하나님이 인간의 선택을 존중하시는 동시에 그 마음의 중심이 무엇인지를 보기 위함이다. 하나님은 이사야에게 유혹을 택하여 준다고 말씀하시는 동시에 악을 택하는 것이 나의 뜻이 아니라고도 말씀하신다 (사 66:4). 그 이유는 이사야를 통해 하나님의 음성을 듣는 사람으로 하여금 유혹과 세상을 버리고 하나님을 택하라는 그분의 촉구이자 회개의 기회라는 것을 알 수 있다.

아마도 '내가 회개할 기회를 주었다'는 주님의 말씀은 이세벨에게도 이러한 회개의 기회를 주신 것이 아닐까 한다. 그래도 회개하지 않자 예수님은 이세벨을 침상에 던지겠다고 말씀하신다.

탐심은 곧 우상

도대체 침상은 무엇일까. 유황불에 던진다거나 혹은 지옥 불에 떨어뜨리겠다고 하시는 게 아니라 침상에 던지시겠단다.

사 29:10절을 보면 '대저 여호와께서 깊이 잠들게 하는 신을 너희에게 부어주사 너희 눈을 감기셨음이니 눈은 선지자요 … 머리는 선견자라'라고 하신다. 잠들게 하시는 이유는 선지자 노릇을 하지 못하게 하기 위해서라는 것을 알 수 있다.

따라서 예수님이 그녀를 침상에 던지겠다는 것은 그녀의 영험한 능력이 이제는 잠자는 자와 같이 아무런 능력도 발휘하지 못하게 될 것이라는 뜻과 같다.

이것은 이세벨에게 치명적인 말씀이었다.

 그녀의 권력 수단을 잃게 되는 일이었다. 종들을 미혹하여 자기편으로 이끌어 들이고 거기에서 얻는 수많은 이익들이 한 순간에 날아가는 것이다. 종들이 이세벨을 믿고 따랐던 이유는 그녀 자체가 아니라 그녀의 능력 때문이었다. 그녀가 능력을 잃는다는 것은 그녀를 따르던 사람들을 잃는 것이요 이는 그녀의 권력을 잃는다는 것을 의미한다.

 사무엘이 오기도 전에 제사를 드렸던 사울의 마음의 본질은 사람들을 통해 얻을 수 있는 권력을 잃어버리고 싶지 않았던 사울의 욕망이었다.

 이와 같은 마음이 이세벨에게도 있었다. 그녀의 말과 행위가 종들로 하여금 음행하게 하고 우상 숭배라는 간음까지 가게 했다는 것을 알면서도 그녀는 자신의 권력을 잃지 않기 위해 회개하지 않았으며 사단이 주는 미혹을 계속 선택하고 있었다.

 하나님이 그녀를 침상에 던지는 것은 그럼에도 그녀를 사랑하시는 마음이 아직 남아 있다는 것을 의미한다. 능력이 없어지면 '왜'라는 질문을 할 수 있기 때문이다.

 그러나 이마저도 사단의 교훈에 너무 깊이 빠지게 되면 빠져나올 수 없게 될 것이다. '왜'라는 질문도 할 수 없거니와 사단은 절대 다른 사람이 아닌 '내'가 잘못되었다는 생각을 가지지 못하게 한다.

 '내'가 잘못했다는 생각은 그 즉시 그 사람을 회개로 이끌게 되며 그 사람의 영향을 입은 많은 이들을 하나님께로 돌이키게 하는 역사를 일으킬 가능성이 많기 때문이다.

이렇게만 되면 오죽 좋으련만 사단은 이세벨이 '나 때문이야'라고 발견하는 순간 깊은 죄책감에 사로잡히게 만든다. 하나님께 돌아가지 못하도록 스스로의 발목을 묶게 만드는 것이다.

혹은 이세벨로 하여금 구약의 이세벨과 같이 혹은 바로와 같이 강퍅한 마음으로 끝까지 하나님께 대항하는 오기가 회개에 이르지 못하도록 했을지도 모른다는 추측을 해본다. 하나님과 싸우기로 작정하게 하는 것이다.

이처럼 사단의 교훈에 너무 깊이 빠지면 사람의 영혼으로 하여금 그 어느 길로도 하나님께 가지 못하는 처참한 결과에 이르게 된다.

'침상에 던진다', '큰 환난에 던진다' 혹은 '그의 자녀를 사망으로 죽인다'는 말씀은 그들에게 주시는 예수님의 마지막 회개의 기회였음을 우리는 본문에서 확인할 수 있다.

우리 안에 있는 욕심과 욕망, 탐심은 마치 우상을 섬기는 것과 같다고 성경은 말하고 있다(골 3:5). 정말 무섭지만 예수님은 우리의 마음을 들여다보신 후 이렇게 말씀하실지도 모른다.

너의 마음이 이세벨과 같지 않을 거라는 안심은 하지 마라, 혹 네가 가지고 있는 마음이 이세벨 같지 아니하냐, 사울과 같지 않은 것이냐, 아간과 같이 세상의 것을 숨기고 있지 아니하냐, 아나니아와 삽비라와 같이 숨기고 있지 아니하냐 라고 말씀하실 수도 있다.

우상은 아무리 꾸며도 우상이고 탐심은 아무리 포장해도 탐심일 뿐이다. 회개할 때 필요한 것은 하나님이 말씀하신 진실을 인정하는 것이다. 이세벨의 마음을 가졌다는 말씀을 듣고 우리가 해야 할 일은 후회가 아니라 진정한 돌이킴과 회개이며 하나님의 긍휼을 바라보며 마음의 할례를 행하고 마음을 찢어 십자가 앞에 나아가야 한다는 것이다. 우리가 할 수 없으니 주께서 해달라고 부탁해야 한다.

하나님이 아브라함에게, 이삭에게, 야곱에게, 모세에게 오래 기다리라고 하셨던 이유는 이러한 탐심을 끝장내시기 위해서였다. 아니, 이 탐심과 죽는 날까지 싸워 하나님을 선택하게 하시기 위해서다. 그 싸움에 길들어 탐심과 싸우는 것이 당연하게 여겨지도록 우리의 영혼을 단련하시는 것이다.

성도들은 우리 안의 연약함을 깨닫고 하나님 앞에 온전히 무릎 꿇을 때 비로소 세상이 주는 탐심과 탐욕의 실체를 파악할 수 있다. 기다림을 통해 우리는 수많은 의문을 가진다. 이것일까, 혹은 저것일까.

그러나 하나님은 그것이 중요한 게 아니라고 말씀하신다.

증거 불충분의 믿음

하나님은 믿음의 사람들로 하여금 이것일까, 혹은 저것일까 중요한 것이 아니라 하나님을 온전히 바라보는 것만이 정답이라는 것을 많은 연단과 시험과 기다림을 통해 배우게 하신다. 그 배움이 우리 영혼 안에서 굳어지게 하시는 것이다. 이것이 바로 교회 안에서 이세벨을 통해 능력이 역사하도록 허락하시는 이유다.

이것일까, 저것일까를 따지는 우리의 욕망이 하나님의 뜻과는 상관이 없음을 보여주기 위함이다. 왜 이것일까. 저것일까를 따지는 것이 욕망일까. 돌다리도 두들겨 보고 건넌다는 데 이것을 두고 왜 욕망이라고 표현하는지 이해가 되지 않을 때가 있다.

그렇다면 이 질문으로 들어가 보자.

내 안에서 이것 혹은 저것을 따지는 궁극적인 이유가 무엇인가.

이 길을 가면 어떤 일이 일어나기에 두려워하고 저 길을 가면 어떤 일이 일어나기에 두려워하는 것일까. 돈 일억을 가지고 있다. 그 일억을 은행에 둬야 할지 혹은 주식을 사야 할지를 놓고 기도하는 자의 중심은 하나님과 전혀 상관이 없다.

결국 이 길도 저 길도 나의 욕심이 아닌 길은 없다. 다른 사람들보다 더 많은 것을 가지려고 하는 욕망, 지금 가진 것보다 더 많은 것을 가지려는 욕망, 내가 지금 누리는 명예보다 더 큰 명예를 누리려는 욕망, 내가 지금 사는 것보다 훨씬 더 행복하고 편안하기를 바라는 욕망 때문에 사람은 이것이 더 좋은지 저것이 더 좋은지를 따지는 것이다.

만일 이것을 위해 주님이 오셨다면 예수님은 절대 십자가 따위를 지는 일은 없었을 것이다. 예수님은 우리의 욕망과 싸우러 오신 것이지 우리의 욕망을 채워주시기 위해 오신 분이 아니다.

이런 이유로 때론 주님은 우리에게 아무런 증거를 보여주지 않으실 때도 있다. 증거가 곧 하나님이 계신다는 말과 같지 않을 수 있기 때문이다. 증거와 표적만 바라보다 보면 세상은 우리를 쉽게 속일 수 있다. 세상엔 우리가 설명할 수 없는 수많은 현상이 존재하고 악한 영적인 세력은 실제로 존재한다.

그것들의 목적은 우리가 스스로 욕망을 선택하여 우리의 영혼을 하나님과 분리시키는 데 있다. 그 목적을 성취하는 효과적인 사단의 방법 중 하나는 증거로 모든 것을 믿게 만드는 것이다. 이세벨이 그 종들에게 역사했던 것과 같은 이치다.

반대로 하나님이 우리와 함께하신다는 믿음을 갖게 하고 그분의 진정한 목적을 이루시기 위해 쓰시는 방법은 우리가 그 증거를 뛰어 넘어 하나님만 믿게 하는 마음의 단련을 지나게 하시는 것이다.

그러기 위해 때론 아무것도 보이지 않게 하시거나 부러 사단의 미혹을 가져다주기도 하며 고난을 통과하게도 하신다.

진정한 하나님의 역사는 믿음에서부터 온다.

보이지 않아도 내가 주님과 함께하고 있다는 믿음, 보이는 증거 보다 보이지 않는 하나님이 더 강하심을 믿는 믿음이야말로 하나님이 역사하시는 진짜 증거라고 할 수 있다.

그러나 이 또한 하나님이 이루시는 것이다.

세상이 주는 어떠한 역사나 물질이나 이득보다 하나님을 선택하게 만드는 믿음은 끊임없이 역사하시는 하나님의 손길과 간섭 안에서 완성된다. 우리는 담대함이 필요하다. 담대함을 얻기 위해선 은혜의 보좌 앞에 나의 마음에 들고 나아가야 한다. 피가 뚝뚝 흐르는 제물, 상한 심령을 들고 주님 앞에 머리를 조아려야 한다.

끔찍한 나의 탐심의 실체를 똑바로 바라보고 애통하고 애곡하며 아무리 힘들고 아파도 주님이 이것을 십자가에 못 박아 주시길 바라고 기도해야 한다.

이때 사단은 우리를 향해 조롱할 것이다.

너는 자격이 없다.

이제 하나님은 너를 버리셨다.

그런 제물을 가지고 감히 하나님 앞에 나아갈 생각을 하다니.

우리의 탐심은 언제나 하나님을 향해 가는 길을 차단하고 성령께서 말씀하시는 것을 대적한다. 더 깊이 빠지면 빠질수록 탐심은 그 증거를 제시하며 하나님을 믿지 못하게 만들 것이다.

사단의 깊은 것이란 이런 마음의 늪에 관한 것도 포함한 것이리라.

그러나 우리는 담대함을 가지자.

우리를 용서해 주실 하나님 앞에 예수 그리스도의 이름을 가지고 수치를 안고서 담대히 은혜를 구해야만 한다. 내 마음이 이세벨과 같았다면 그녀가 했던 것과 같이 회개하기를 부인하지 말고 즉시 하나님께로 나아가자. 사울과 같이 수치를 당하지 않게 해 달라고 하지 말고 수치 가운데서 재를 뒤집어쓰게 해달라고 간구하자.

주께서 심판하시면 그대로 받겠노라 그 대신 주께서 나와 함께 해달라는 믿음의 간구를 해 보자.

이것이 어쩌면 사단의 깊은 교훈 가운데 빠지지 않는 방법일지도 모른다. 그 교훈에 더 깊이 빠지지 않는 돌이킴이 두아디라와 같은 패역한 영적인 지대에서 우리 자신을 지키는 유일한 방법일지도 모른다.

이세벨의 세력은 그 안에서 우리와 따로 분리된 영적 세력이 아닌 우리 안에 있는 탐심과 함께 작용하는 연합된 자아의 세력이다. 이것은 자명하다. 우리의 동의도 없이 침투하는 사단의 세력이란 이 세상에 존재하지 않는다.

두아디라 지역에서의 싸움이 매우 어렵고 교묘한 것은 우리가 누리고 있는 문화라는 영역을 통해 우리의 자아와 영혼에 틈을 타고 들어올 수 있는 여지가 매우 다양하고 많기 때문이다. 우리의 동의를 얻고 들어오지만 우리는 동의한 사실도 망각한 채 이세벨의 거짓말과 미혹에 참여하게 되는 행위를 하게 되는 것이다.

두아디라는 버가모나 서머나처럼 육체적으로 괴롭고 외로운 곳은 아니었다. 육적으로는 풍요롭고 다채로우며 명성이 높은 곳이나 그 안에서의 영적인 싸움은 훨씬 교묘하고 견고하다. 그렇다고 우리는 시골 촌구석에 들어가 살거나 혹은 산속에 틀어박혀 살 수는 없다.

두아디라 교회는 두아디라를 변화시키기 위한 하나님의 나라다. 하나님의 나라를 세우는 동시에 전쟁을 하고 있는 것이다. 여기서 하나님의 음성이 무엇인지 발견해 나가고 무엇이 하나님의 증거인지를 가려내는 것은 매우 어렵지만 그래도 우리는 하나님의 뜻에 따라 '여기'에 서 있어야 한다.

정도로 나아가고 있다는 생각이 들었다가도 예수님은 어느 순간 나타나 우리에게 무서운 불꽃과 같은 눈동자로 예리하게 우리의 영혼을 감찰하시고 주석과 같은 발로 심판을 행하시겠다고 말씀하실 수 있다.

하나님이 우리를 대적하시면 그 어느 곳도 피할 수 없다는 사실은 너무나 무서운 현실이 될 것이다.

누가 하나님과 싸워 이길 것인가.

다시 말하지만, 교회는 치열한 전쟁터에서 늘 전쟁을 하고 살아간다. 나는 교회에 다니는 사람이니까 당연히 주님의 편일 거라고 생각하면 오산이다. 사울도, 이세벨도, 고라와 다단도 모두 교회 안에 있다고 생각했던 사람들이었다.

엘리야가 될 것인가 혹은 이세벨이 될 것인가는 종이 한 장 차이다. 이것이냐 저것이냐를 따지느냐 아니면 하나님이 기뻐하시는 뜻이 무엇이냐를 선택하는 기로. 욕망이냐, 하나님이냐를 선택하는 이 중심이 우리가 어디에 속한 사람인지를 말해줄 것이다.

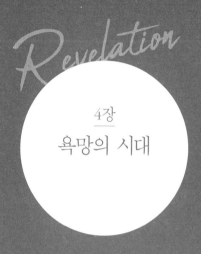

Revelation

4장
욕망의 시대

저희가 탐심의 죄악을 인하여 지은 말을 가지고
너희로 이를 삼으니 저희 심판은 옛적부터
지체하지 아니하며 저희 멸망은 자지 아니하느니라 벧후 2:3

사람들이 비참한 대가를 치르면서까지 지키려고
고집하는 것들이 늘 있게 마련이지

C. S. 루이스 – 〈천국과 지옥의 이혼〉 중에서

✝ 탐심의 도시들

두아디라와 같은 지대는 어쩌면 우리가 살아가고 있는 지금의 영적인 세계와 비슷할지도 모른다. 식문화, 음악, 영화, 영상들, 연극, 소셜 미디어 등등 셀 수도 없는 문화의 홍수 속에서 지금 21세기는 허우적대고 있다.

화려하고 아름다워 보이는 것들이 온 천하를 누비고 있으나 실상 그 안에 도사리고 있는 욕망들은 셀 수 없이 많다. 포르노, 술 취함, 마약, 방탕, 악의적인 댓글이나 비방으로 오는 죽음과 너무 많이 먹거나 너무 많은 음식을 낭비하는 일, 우울한 음악이나 영상으로 인한 자살들은 모두 현대로 들어서면서 나타나는 불행한 욕망의 결과들이다.

앞서 말한 것과 같이 이세벨이라는 영적인 음녀는 반드시 우리 안의 욕망과 그 지역에서 활동하는 세력과 결탁하여 일한다. 특별히 두아디라 안의 교회에서 살아가는 성도들을 목표로 일하는 존재가 이세벨이라고 할 수 있다.

다시 말하지만 이세벨이라는 영적인 세력은 두아디라라는 세상을 유혹하기 위한 존재가 아닌 그 지역 교회를 미혹하는 존재다. 두아디라라는 특별한 지역에서 살아가는 교회 안의 성도들도 세상의 사람들과 같이 문화 속에서 자신의 욕망을 누리고 살아가고 싶어 하는 인간들이기에 그들의 욕망의 타협점을 찾아주는 이가 바로 이세벨이라고 할 수 있다.

그녀의 교훈에 동참하는 자들의 중심은 이미 자신의 욕망을 하나님 보다 앞세워 우상을 숭배하는 중심이 되어 버렸으며 그것의 교묘함은 이세벨이 말하는 교훈에 사로잡히게 만드는 결과로 이어진다.

이것을 우리가 '교묘함'이라고 일컬을 수밖에 없는 것은 문화라는 이름 아래 있는 사단의 세력은 구별하여 보기가 매우 어렵기 때문이다.

교만한 사람은 자신의 교만을 알지 못하고 탐욕에 취한 사람은 탐욕의 실체를 파악할 수가 없다. 귀신에 들린 자는 자신이 귀신에 들렸다는 사실을 알 수 없는 것과 같은 이치다.

게임에 빠진 사람은 사나흘을 잠도 자지 않고 먹지도 않고 게임을 하기도 한다. 어느 부부는 게임에 중독된 나머지 아이를 굶겨 죽이기도 한다. 게임 그 자체로 봐서는 악한 세력이 쓰는 도구가 아닌 것 같이 느껴진다. 그러나 여기에 들어가 사단이 역사하면 그저 즐거워하는 것으로 끝나지 못하게 한다. 영혼이 피폐해질 때까지 그 영혼을 깊은 수렁으로 인도하는 것이다.

더군다나 하나님을 믿는 사람이라면 더더욱 집요하게 물고 늘어진다. 그가 하나님을 멀리하게 하는 도구로 게임보다 더 유용한 게 없기 때문이다(예를 들자면 말이다).

이세벨은 하나님을 알고 믿는 그에게 이렇게 이야기할 것이다.

'그래도 하나님은 널 사랑하신다. 게임을 통해서 너의 꿈을 이룰 수도 있지. 그렇게 좋아하는 걸 하나님이 못 하게 하실 리가 없다.'

이와 같은 거짓말을 속삭일 것이다.

물론 하나님은 그럼에도 불구하고 우리를 사랑하실 것이다. 어쩌면 우리가 좋아하는 것들을 통해 우리의 꿈을 이루라고 말씀하실 수도 있다.

하지만 그분이 진짜 우리를 사랑하신다면 게임에 빠져 내 자신을 죽이고 다른 사람들을 죽일 수도 있는 죄를 당장 버리라고 말씀해야 하시지 않을까. 우리 자신과 또 다른 누군가를 죽일 수도 있는 문화 안에서 일어난 중독적인 욕심을 버리라고 해야 마땅한 것이 아닐까.

그러나 이는 아주 분명한 이세벨의 모습이다. 더 무서운 건 이보다 훨씬 더 교묘하고 간교한 이세벨의 세력들이 이 세대의 공중 세력에 가득하다는 사실이다.

그렇다면 누가 하나님의 진영에 있고 누가 이세벨의 진영에 있는가. 또 나는 지금 어느 진영에 있는가. 그것을 어떻게 판단할 것인가.

하나님은 우리의 어떤 것을 보시고 그것을 구별하시는가.

또 우리는 그 안에서 어떻게 하나님이 원하시는 선택을 할 수 있단 말인가. 만일 우리가 하나님의 선하심을 선택할 의향이 있다면 말이다.

하나님의 분노

인간은 특별한 창조물이다. 생각할 수 있는 머리와 생각을 품을 수 있는 마음이 있으며 가장 중요한 것은 그보다 더 깊은 영혼을 소유하고 있다.

아무리 과학이 많이 발달했어도 과학은 이에 대한 정확한 근원을 발견하지 못했고 정의할 수 없다. 생각이라는 것은 말하고 행동하지 않는 한 보이지 않는 것이고 마음 또한 마찬가지이기 때문이다. 아무리 많은 말과 행동으로도 판단할 수 없는 것이 인간의 생각이며 이 사람이 반드시 이 생각과 마음을 품었다고 정의를 짓다가도 그것이 아닌 경우가 허다하다.

이 보이지 않는 것의 힘은 엄청나서 사실 보이는 모든 것을 지배한다고 해도 과언이 아니다.

한 사람의 꿈이 전기를 발견해 지금의 시대를 만들었다. 한 사람의 꿈이 한글을 창제하게 하고 한 사람의 미움이 전쟁을 일으키며 한 사람의 이상이 노예를 해방시키고 한 사람의 저주가 한 민족을 죽음에 이르게 한다.

이처럼 인간의 생각과 마음은 매우 중요하다.

교회는 세상을 책임지는 존재다. 교회 안의 사람 곧 성도가 중요한 이유는 그들의 품는 마음과 생각으로 인해 세상을 멸하기도 세상을 세우기도 하기 때문이다. 그래서 교회에서 살아가고 있는 성도의 마음의 상태는 세상에 매우 중요한 영향력을 미치게 된다.

또 내가 사망으로 그의 자녀를 죽이리니 모든 교회가 나는 사람의 뜻과 마음을 살피는 자인 줄 알 지라 내가 너희 각 사람의 행위대로 갚아주리라

예수님의 22절과 23절의 말씀은 단순한 경고 정도가 아니다. 반드시 그 일이 일어날 것이라는 뜻이다.

이세벨은 반드시 침상에 던져질 것이고 그의 자녀들을 예수님이 죽이시겠다는 선언은 '볼찌어다'라는 말이 의미하는 것과 같이 그의 말씀이 곧 예언이라는 것을 알 수 있다. 이세벨과 함께 간음하는 자들의 경우 그들이 만일 회개하지 않을 시 큰 환난에 던진다는 조건부의 말도 사실 예언에 가깝다고 볼 수 있다. 예수님의 '볼찌어다'라는 말이 그러한 가정도 포함하고 있기 때문이다.

이 일이 반드시 일어나야 하는 이유가 23절에 곧바로 나타난다. 그것은 '모든 교회가 예수님이 사람의 뜻과 마음을 살피는 자라는 것을 알아야 하기' 때문이다.

구약의 이세벨의 세력은 어떻게 망했는가.

오랜 가뭄이 있었고, 이 끝에 엘리야와 바알과 아세라의 선지자 850명이 싸워 엘리야의 승리로 끝난다. 결국 그녀는 엘리야의 예언대로 개들이

그녀의 피를 핥아먹는 죽음에 이른다.

하나님의 말씀으로 인해 무너진 것이다.

이 일의 결과가 무엇이었는가.

엘리야라는 하나님의 도구로 인해 북이스라엘은 여호와께서 그들의 하나님이라는 것을 깨닫는다. 하늘에서 불꽃이 내려왔을 때 비로소 하나님이 하나님이라는 것을 이스라엘이 깨달은 것이다.

두아디라에 나타나신 예수님의 모습, 불꽃과 같은 눈동자를 가지신 그분이 이세벨의 자녀를 죽이고 이세벨을 침상에 던지며 그와 더불어 간음한 자들을 큰 환난 가운데 던지시는 이유는 북이스라엘이 깨달았던 것처럼 두아디라의 모든 교회가 진짜 세상의 주인이 누군지, 진정한 하나님의 말씀이 어떠한 건지 깨달아야 하기 때문이다.

이세벨의 세력은 강력했고, 극심한 미혹으로 무장하고 있었다. 성도들뿐 아니라 두아디라 교회 사자가 이를 내버려 둘 만큼 이세벨의 교훈은 교회를 장악하고 있었다.

우리의 중심과 마음의 생각이 점점 더 사울 왕이 가진 중심으로, 다윗이 인구조사를 했던 중심으로, 아간의 중심으로 번져나가고 있다는 사실조차 알지 못하게 될 만큼 심각한 상태가 되어 갈 때 우리는 이러한 상태를 알아채지도 못하는 것이다.

이때 필요한 것은 오로지 하나님의 분노다. 하나님의 분노와 그의 콧김이 아니면 이 악한 세력은 쫓겨나가지 못한다.

　삼하 22:16절에 다윗은 이렇게 고백한다.

　"이럴 때에 여호와의 꾸지람과 콧김을 인하여 물 밑이 드러나고 땅의 기초가 나타났도다."

　욥 4:9절에서도

　"다(모든 악한 이들) 하나님의 입기운에 멸망하고 그 콧김에 사라지느니라."라고 말한다.

　하나님의 분노와 불길은 죄와 악을 소멸하신다.

　이러한 작용은 다만 보이는 세상에서만 일어나는 일이 아니라 보이지 않는 우리라는 세상 곧 영, 혼, 생각과 마음에서도 일어난다. 우리의 중심이 가지고 있는 밑바닥, 생각이 가지고 있는 기초가 무엇인지를 드러내실 수 있는 것은 오직 하나님의 분노가 주시는 심판 외에는 없다.

마음의 중심

　하나님은 반드시 분노하셔야 했다.

　믿음도 욕망도 마음의 가장 깊은 곳과 생각의 중심에서 일어나는 일이기 때문이다.

하나님의 의를 얻는 유일한 길은 오직 믿음으로 말미암는 것이다. 마음으로 믿어 의에 이르고 입술로 시인하여 구원을 얻는다.

계 2:23절에 나오는 두 단어, 'νεφρός'(nephous)와 'καρδία'(kardias)는 각각 '마음의 가장 깊은 곳'과 '생각의 중심'을 뜻한다. 믿음이 작용하는 인간의 보이지 않는 기관을 가장 잘 표현한 말이다.

두아디라와 같은 상황에서 마음의 가장 깊은 곳과 생각의 중심이 믿음인지 욕망인지를 아는 방법은 오직 하나님의 말씀에서 오는 그분의 분노가 일어날 때다. 이때에야 비로소 우리가 어떠한 진영에 있었는지 또 어디에 있어야 하는지가 보이기 시작한다.

이세벨이 말하는 타협점에서 우상 숭배라는 간음으로 가다가도 하나님의 불길로 인해 눈이 떠지게 될 것이다. 회개하지 못하는 마음에서 회개하는 마음으로 돌이키게 될 것이다.

엘리야의 기도로 내려왔던 불꽃이 이스라엘의 눈을 뜨게 했던 것처럼 이세벨이 선지자가 아니라 미혹의 세력 이세벨이라는 것을 보게 되는 것이다.

하나님의 분노가 교회 내에서 일어날 때 이 분노를 직면하게 될 사람들은 이세벨과 그의 자녀들과 함께 간음한 종들뿐만이 아니다. 24절, 25절을 보면 아마도 두아디라엔 아직 이세벨의 교훈을 받지 않고 사단의 깊은 것을 알지 못하는 자들이 있었던 듯하다. 예수님은 그들을 향해 '너희'라고 지칭하시며 교훈을 받지도 말고 사단의 깊은 것을 알려고도 하지 말라고 부탁하신다.

이들 또한 하나님의 분노가 어떻게 일어나는지를 다 보았을 것이다. 이는 반드시 필요한 일이었다. 예수님의 결단으로 인해 일어난 모든 일은 결국 모든 교회가 예수님이 어떤 분인지를 아는 것에 있기 때문이다.

우리가 알게 되는 이것을 통해 우리에게 일어나는 일은 우리 마음의 중심에 믿음을 굳건히 지키게 되는 일로 연결된다. 두아디라 교회의 성도가 가지고 있던 믿음을 지키는 것, 혹여 이세벨의 교훈에 살짝 마음이 기울었던 사람들이라도 예수님의 거룩한 분노 앞에 떨며 자신의 마음의 중심을 다시 한번 다잡게 되었을 것이다.

그만큼 강력한 미혹이 역사하는 곳이었고 이것과 싸우기 위해선 자신의 중심이 어디에 있는지를 확인하고 또 확인하려는 동기가 존재해야 했다.

내 마음의 중심이 하나님의 진영에 있는지 이세벨의 진영에 있는지는 모든 교회가 지나가는 하나님의 불길 속에서 확인할 수 있을 것이다. 이는 단지 두아디라 교회뿐 아니라 예수님의 모든 교회가 그러하다.

이신칭의라는 복음의 원동력은 모든 교회 안에 적용되기 때문이다.

산 믿음: 행위

아이러니하게도 마음의 뜻과 중심은 행위를 통해 나타난다.

모세가 율법이 새겨진 돌판을 받으러 간 사이 이스라엘 백성들이 금송아지를 섬긴 후 모세의 편에 섰던 사람들은 레위 지파였다. 그들은 그들의 행위로 그들의 마음이 하나님께 있었는지 세상에 있었는지를 증명했다.

우리의 마음엔 항상 에서와 야곱이 공존한다. 그 둘이 한 태(胎)에서 싸웠던 것과 같이 인간의 마음엔 하나님이 미워하시는 에서와 하나님이 사랑하시는 야곱과 같은 마음이 존재한다. 우리가 에서의 중심을 가지고 있는지 야곱의 중심을 가지고 있는 것인지 아는 것은 팥죽을 먹느냐 아님 팥죽을 거부하느냐의 행위에 있다.

예수님은 23절에서 나는 사람의 뜻과 마음을 살피는 자라고 말씀하신 뒤에 내가 너희 각 사람의 행위대로 갚아주리라고 말씀하신다. 이는 사람의 뜻과 마음이 행위와도 연결되어 있다는 것을 두고 하신 말씀이다.

그 뒤 24절, 25절에서 예수님은 이 교훈을 받지도 말고 사단의 깊은 것을 알지도 말라고 말씀하신다. 또한 다만 너희에게 있는 그 믿음을 굳게 붙잡는 행위를 해야 한다고 말씀하신다.

이세벨이 주는 팥죽 즉, 교훈을 먹지도 않고 받지도 않는 행위는 야곱이라는 믿음의 편을 선택한 중심에서부터 비롯된다.

이 일은 결코 단번의 선택으로 이뤄지지 않는다. 날마다 이뤄야 하는 일이다. 날마다 죽는 행위는 그야말로 믿음으로 야곱의 편을 선택하는 것과 같은 이치다. 우리의 믿음을 지키고 주님의 일을 끝까지 지키는 방법인 것이다.

이는 쉽지 않은 일이다. 매번 다가오는 이세벨의 쉬운 복음을 내치는 일은 매일 매일 떠안는 무거운 짐과 같을 것이다. 당장 팥죽이 있으면 살 것 같지만 영원한 장자의 나라에 들어가지는 못할 것이다. 믿음은 이러한 선택에서 비롯된다고 할 수 있다.

그러나 우리가 이러한 선택을 할 수 있는 이유는 하나님의 불길이 우리 마음의 중심을 가려내시어 드러내시고 우리로 하여금 그분의 보좌 앞에 무릎 꿇게 만들 수 있는 원동력이 늘 작용하기 때문이다. 그런 의미에서 십자가는 우리 구원의 상징이기도 하지만 심판의 상징이기도 하다. 우리의 죄를 소멸할 수 있는 유일한 장소가 십자가이며 하나님의 불길이 치솟는 곳이다.

우리의 죄를 가지고 와 제사를 드리는 행위, 팥죽을 거부하고 믿음을 지키려는 행위는 하나님의 불길을 스스로 받아들이는 산 제사로 제단 위에 나아가게 할 것이다.

그 행위가 또한 우리로 그리스도의 진정한 믿음에 이르게 할 것이다. 믿음으로 믿음에 이르는 일이 하나님과 우리와의 관계에서 일어나는 것이다(롬 1:17).

이것은 참으로 비밀과도 같다. 딱히 이렇다 설명할 수 없는 거대한 하나님의 작업이다. 중심을 드려 중심이 만들어지고 믿음을 드려 믿음에 이르게 하고 행위를 드려 행위가 이뤄지게 만드는 이 일은 오로지 예수 그리스도의 거룩하신 성령이 우리 안에서 날마다 일으키시는 하나님의 불꽃으로 이루실 것이다.

철장으로 다스려

두아디라 교회 사자에 대한 예수님의 약속은 이렇게 나타난다.

… 만국을 다스리는 권세를 주리니 그가 철장을 가지고 저희를 다스려 질그릇 깨뜨리는 것과 같이하리라 나도 내 아버지께 받은 것이 그러하니라

27절에 나타나는 'ποιμαίνω'(poimaino)는 '양 떼들을 다스리다, 양육하다'의 뜻으로 공의와 사랑으로 정치하며 다스린다는 의미다.

그러나 이곳에 나오는 '철장으로 다스려 질그릇을 깨뜨리는' 모습이 과연 양 떼들을 사랑으로 다루는 일과 연계하여 상상이 될 수 있을까 의문점을 가지게 된다.

질그릇은 사실상 흙으로 빚은 우리 인간을 의미한다고 볼 수 있다. 철장으로 질그릇을 깨뜨린다는 것은 말하자면 하나님의 권세로 인간을 형체도 없이 부수겠다는 뜻이다. 이것이 어떻게 사랑과 공의를 가진 양 떼의 양육과 일맥상통할 수 있을까.

하지만 지금까지 논의했던 위의 내용을 생각해보면 이 말이 얼마나 적절한지를 깨닫게 된다.

시 51:8절을 살펴보면 '주의 꺾으신 뼈로 즐거워하게 하소서'라고 다윗은 고백한다. 하나님의 징계로 인해 뼈가 부서지는 아픔이 있었음에도 불구하고 그는 '즐거워한다'라고 고백했던 것이다.

이것은 하나님의 분노가 지나간 우리 안에서 거룩함이 이뤄지는 일, 불꽃과 같은 눈동자가 우리를 감찰하시고 환난을 허락하시는 주님의 간섭이 오직 우리를 악에서부터 구하시는 하나님의 놀라우신 사랑 안에 있다는 것을 보여준다.

예수님이 약속하신 그의 권세는 두아디라 교회 사자가 훗날 예수 그리스도의 은혜로 그분과 함께 통치하는 날에 이와 같은 공의로 무장되어 있어야 한다는 것을 의미한다. 두아디라 교회 사자가 그의 삶에서 하나님의 공의가 임해주기를 기도하고 바랐던 것과 같이 그가 세상을 통치할 때도 이러한 하나님의 역사가 그를 통해 일어나기를 바라시는 것이다.

하나님의 통치는 반드시 죄인 된 인간을 품으시는 사랑과 함께 인간의 영혼을 음부로 몰고 가는 악을 대적하고 소멸하시는 하나님의 공의도 동반되어야 한다.

왕이 된 자가 공의도 없이 오로지 용납하고 받아들이는 사랑만 가지고 있다면 그 나라는 굳건하지 못할 것이며 백성은 방자하게 행동할 것이다. 우주를 다스리시는 하나님으로서 하나님은 공의로 인한 분노로 '철장으로' 인간의 영혼 안에 깃든 악함을 씻기시고 거룩하게 하실 것이다.

이러한 공의와 사랑이 공존하는 곳이 바로 십자가이며 예수님은 우리들에게 십자가 안에 존재하는 하나님의 능력이 우리 영혼 가운데 매일 임하게 하시기를 촉구하신다.

이 때문에 두아디라 교회 사자에게 보내신 서신에서 가장 중요한 말씀, 사람의 마음과 뜻을 살피시는것은, 주님이 이세벨의 타협과 십자가의 믿음 중 우리가 어떠한 것을 선택하는지를 보시기 위함이다. 이것이 우리의 영혼을 지킬 것이다. 동시에 우리가 지켜야 할 가장 중요한 성도의 도리라는 것을 주님은 이 서신을 통해 모든 교회를 향하여 말씀하신다.

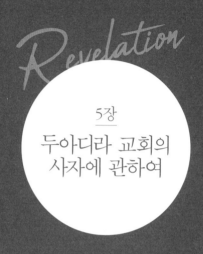

Revelation

5장

두아디라 교회의
사자에 관하여

모든 교회가 나는 사람의 뜻과 마음을
살피는 자인줄 알찌라 계 2:23

우리는 그분의 말씀을 들었다.
거의 2000년 동안 들었다. 그러나 우리는
그 말씀대로 하지 않는 쪽을 택했다.

예수에 대한 본질적 메시지로 가르쳐지는 내용이
정작 그분의 제자로서 살아가는 삶과는
전혀 관계가 없는 것이 현실이다.

달라스 윌라드 – 〈하나님의 모략〉 중에서

✝ 엘리야와 같은 종

두아디라 교회 사자들은 한 마디로 '엘리야'와 같은 사람들이다. 엘리야가 누구인가. 구약의 대 선지자 중 하나요, 하나님의 기적을 일으켰던 자요, 죽음을 보지 않고 승천한 구약의 두 사람 중 한 사람이다. 말할 것도 없이 그는 위대한 하나님의 사람이요, 유명한 선지자다.

그러나 그의 삶은 부하지도 행복하지도 편안하지도 않았다. 그토록 거룩한 능력을 갖추고 있었음에도 그는 언제나 죽음의 위협에 쫓기는 사람이었다. 이세벨을 위협하는 유일한 존재였다가도 이세벨의 위협에 위축되어 오히려 하나님께 죽음을 구하는 나약함도 보이는 사람이었다. 더럽혀질 대로 더럽혀진 영적인 지대에서 살아남기 위해 안간힘을 다해서 하나님을 붙들었던 사람이었다.

그가 하나님을 붙들었던 이유는 아이러니하게도 살기 위해서였다. 먹을 것이 없어 죽어가는 과부와 아들에게 구걸해야 했다. 그것도 그들이 먹을 마지막 양식을 얻는 처지였다. 이 상황에서도 우리는 두아디라의 영적인 상황을 추측할 수 있다. 두아디라라는 영적인 지대가 그만큼 하나님의 양식이 핍절한 곳이었다는 뜻이다. 그곳에서 엘리야와 같은 두아디라 교회 사자는 이세벨과 싸우면서도 하나님의 양식을 구해야했다. 그마저도 양들에게 나눠주는 사람이었다.

영적으로 양식이 핍절하다는 것은 그 지역의 교회 자체도 세상의 문화와 흐름에 많은 부분 흡수되었다는 것을 뜻한다. 이세벨의 교훈이 교회 안으로 깊숙이 침투한 것이다.

건물의 화려함, 교회의 권력화, 세상 시스템의 도입 등 세상에서 한 기업이나 나라를 경영하는 것과 같은 모습이 교회 안에서도 비슷하게 행해지고 있는 것이다. 물론 이것이 모두 나쁘다는 말을 나는 할 수 없다.

이 문화 자체가 나쁜 것이 아니라 이 문화의 도입으로 인해 일어나는 복음의 본질이 흐려지는 일들이 수반되어 나타나는 것을 두고 하는 말이다.

이것은 어디까지나 나의 개인적인 견해다. 그러나 확실한 것은 화려한 도시와 문화 속에 살아가고 있는 교회가 교묘한 사단의 세력에 상당 부분 놀아나고 있다는 점이다. 이것이 예수님이 두아디라 교회 사자를 향해 하신 말씀의 중요한 요지 중 하나라고 할 수 있다.

따라서 이곳에서 살아가는 교회는 두아디라 교회 사자에게 선포하신 말씀인 '사람의 마음과 뜻을 살피는' 냉정하고도 무서운 하나님의 말씀 앞에 서야 한다. 매 순간 두아디라의 이세벨은 언제든지 사람의 생각을 파고들어 다양한 경로를 통해 미혹하려 들 것이기 때문이다. 그만큼 교묘하기 때문에 불과 같은 하나님의 말씀이 서서 종들을 지키시는 것이다. 이와 같은 일은 이세벨과 그와 함께 간음한 자들뿐 아니라 두아디라 교회 사자와 그와 함께한 자들에게도 일어나야 한다.

두아디라 지역의 영적 세력은 강력하고 교묘하며 견고한 세력을 자랑한다. 그 때문에 서신 속에서 나타나신 불꽃과 같은 눈으로 감찰하시고 철장으로 다스리시는 예수님의 말씀만이 그 지역에 사는 교회를 살릴 수 있을 것이다.

이러한 곳에서 살아남아 강력한 하나님의 말씀을 의지하고 선포해야 하는 사람, 교묘한 악의 세력을 매일같이 분별하고 탐욕을 물리쳐야 하는 엘리야와 같은 사람이 바로 두아디라 교회의 사자라고 할 수 있다.

세미한 음성

이세벨의 가장 강력한 무기는 증거였다. 사람들의 탐욕을 충족시켜주는, 말하자면 그들이 쟁취하고 싶은 구원과 탐욕을 엮어 둘이 공존할 수도 있다는 거짓말을 믿게 하기 위해 이세벨은 그에 대한 증거를 들이민다.

이러한 구별은 매우 어려운 부분이다. 왜냐면 어떠한 증거는 주님이 주시는 올바른 증거이기도 하기 때문이다.

암에서 치유를 받는다거나, 갑자기 사업이 잘 된다거나, 사회적 지위가 올라가는 등의 일은 성경의 인물들도 많이 겪었던 일이었다. 히스기야가 치료를 받았던 일, 아브라함이 거부가 된 일, 다니엘이나 요셉의 사회적 위치가 상승된 일 등이 그러하다.

그러나 우리가 여기서 유의할 것은 하나님의 축복이 물질적으로 풍요로워지거나 명예를 얻는 것이 전부가 아닌 것처럼 그분의 증거 또한 눈에 보이는 것으로만 이뤄지지 않는다는 사실이다.

하나님의 축복과 증거는 오로지 그의 상황과 성품과 영적인 자람의 정도에 따라 꼭 필요할 때만 일어난다. 요셉의 지위 상승은 세상의 구원을 위해 일어나야만 했다. 이것은 그가 13년의 죄수 생활을 거쳐 마음이 단련된 후에 일어난 일이었다. 그의 그릇이 13년이라는 고난이 필요했고 그 후 하나님의 축복을 받아들여 감당할 만한 그릇이었기 때문에 그는 애굽의 총리가 될 수 있었다.

사람과 상황에 따라 어떤 이에게는 해가 뒤로 물러가는 증거가 필요했고 어떤 이에게는 양털이 젖는 증거가 필요했으며 또 어떤 이에게는 하나님의 불꽃이 임하는 일이 필요했다.

사단은 이러한 경우를 악용하여 그들의 뜻을 사람에게 관철할 때 이와 비슷한 일을 일으킨다. 다시 말하지만 그들의 뜻이 사람에게 관철될 때는 오로지 사람의 뜻이 사단의 것과 동일할 때 일어난다. 그들은 지혜로워서 하나님 앞에 섰을 때 반드시 할 말을 준비한다. 사단 혼자서만 일하는 것이 아니었음을 강조하며 인간의 의지와 협력하여 악을 행했음을 말하기 위해 사람의 뜻을 관찰하는 것이다.

계시록 13장에서 땅에서 올라오는 짐승은 모든 이들로 하여금 바다의 짐승에게 경배하게 하기 위해 하늘에서 불이 내려오는 기적을 일으킨다. 이것은 엘리야가 행했던 것과 같은 그야말로 모든 이들이 놀라고 믿을 수밖에 없는 기적일 것이다.

이것을 보고 사람들은 바다에서 나온 짐승을 진심으로 숭배하고 그를 왕처럼 섬기게 된다. 이러한 상황에서 우리는 생각할 수 있다. 그 누가 이것을 보고 믿지 않을 수 있겠느냐고, 그리고 이것이 어떻게 우리의 의지가 동반된 믿음일 수 있느냐고 말할 수 있을 것이다.

그러나 우리는 그 당시 그 세상에서 사는 사람들이 어떠한 마음으로 바다의 짐승이 일어나는 것을 원할는지 알지 못한다. 세상은 점점 하나님을 불신하고 그분을 대적하는 사상을 지지한다. 사람들은 하나님이 아닌 인간이 그 자리를 차지하는 걸 **실제** 보기를 원하고 있다. 인간이 신의 자리를 넘보기를 원하는 마음이 점점 더 커지고 있다는 뜻이다. 이것은 또한 사단의 뜻이기도 하다.

다시 말하지만 사단은 자기의 뜻과 같은 뜻을 품은 자들과 함께 일한다. 이세벨의 교훈이 두아디라에 전염병처럼 번진 이유는 그것을 받아들이는 자들의 마음의 중심이 교훈에 동의했기 때문이었다.

악한 영은 전염병처럼 사람들의 마음에 이러한 사상과 뜻을 전파하고 심지어 교회 안까지 침투한다. 사실상 이것이 악한 영들의 최종 목적지다. 이러한 일들이 심화되면 심판 전 마지막 세상은 사단의 증거를 받아들일 수 있을 만큼 연락과 탐욕에 연단된 마음을 가지고 있으리라 확신한다. 사단도 이 타이밍을 놓치지 않고 그에 적합한 증거를 들고와 사람들의 마음을 장악하는 것이다.

엘리야가 로뎀 나무 밑에서 죽기를 청한 후 그는 하나님의 도우심을 입어 40일간 금식하고 어느 벼랑으로 인도함을 받는다. 그때 하나님이 말씀이 임하는 때는 바람이 세게 불 때도 아니었고 돌이 부서지는 때도 아니었다. 하나님의 진짜 음성은 잘 들을 수 없을 정도로 세미한 음성이었다.

거기에 하나님이 계셨다.

우리는 하나님이 엘리야에게 이렇게 임하신 상황을 자세히 살펴야 한다. 왜 세미한 음성으로 말씀하셨을까. 큰 소리나 천둥소리로 말씀하실 수도 있었다. 모세와 그 옛날 이스라엘 백성에게 말씀하시듯 번개와 우레를 동반하여 말씀하실 수도 있었지만 하나님은 그렇게 하지 않으셨다.

금식하기 전 엘리야에겐 강력한 증거가 있었다. 850명의 이방신 선지자들을 다 쓰러뜨리고 하늘에서 불꽃이 내리게 했으며 3년 반 동안 내리지 않았던 비를 내리게 한 증거, 표적을 본 자였다. 그러나 그는 곧바로 죽기를 구했다.

증거는 결국 그에게 결정적인 믿음을 가져다주진 못한 것이다.

로뎀 나무에서 기운을 차리고 난 후 그는 40일을 걸어가며 금식했다. 금식하면 어떤 일이 일어나는가. 우리 안에 있는 모든 것이 빠져나온다. 배설물도 물도 우리의 의지도 다 빠져나오는 시간을 거치는 것이다.

인간이 두아디라라는 지역의 악한 영들과 타협을 하는 이유는 본디 내재해 있는 욕심 때문이다. 사람의 마음과 뜻이 어쩔 수 없이 더 많이 가지고 더 높아지려 하고 더 부자가 되려고 하는 욕망을 향해 가게 되어 있는 것이다. 따라서 금식은 이러한 욕망을 인체에서 빼내는 역할을 한다.

이렇게 힘이 다 빠진 엘리야에게 하나님은 더 이상 강력한 증거를 제시할 이유가 없었다. 가난해진 자에게 가장 큰 증거는 하나님이 나와 함께하신다는 믿음 그 자체다. 사랑하는 연인이 눈앞에 있어도 자꾸 보고 싶다고 말하는 이유와 같다.

떨어져 있어도 그녀와 함께 있는 것 같고 그를 향한 마음이 내 안에 충만해져 있는 이유는 그가 나를 사랑한다는 확신 때문이다. 그 누가 뭐라고 해도 그녀 혹은 그가 나를 사랑한다는 확신이 너무나 충만해서 상대가 나에게 하는 말은 뭐든 믿게 되는 것이다.

이것이야말로 그가 나를 정말 사랑하는지 안 하는지를 알 수 있는 차이점일 것이다. 아무리 많은 시간을 보내고 아무리 많은 장미꽃을 보낸다고 해도 밥을 먹어도 할 말이 없고 앞에 있어도 핸드폰만 들여다본다면 그 사람이 나에게 무엇을 해준다 한들 그에 대한 믿음은 나에게 존재하지 않을 것이다. 그를 사랑하지도 간절해하지도 않기 때문이다.

세미한 음성이 엘리야에게 들렸고 그것이 하나님의 음성이라는 것을 확신했다면 그것은 그가 가난해졌다는 증거일 것이다. 하나님이 그와 함께하시고 그를 사랑하신다는 것을 믿었기 때문일 것이다. 두아디라 교회 사자 또한 엘리야와 같이 이러한 세미한 음성을 듣지 않았을까.

선택

구원을 받는 자가 제일 먼저 해야 할 일은 우리 안에 있는 죄와 탐심을 십자가 앞에 내어놓는 일이다. 10원어치의 죄와 탐심을 가졌던 자는 10원어치만 내놓으면 그만이지만 100억의 탐심을 가진 자가 그 액수를 십자가에 던진다는 것은 거의 불가능한 것처럼 느껴질 것이다.

두아디라는 마치 100억을 내놓지 않고도 구원을 받을 수 있다는 거짓말이 진짜인 것처럼 느껴지게 하는 영적 지대다. 그 거짓말을 믿게 하기 위해 이세벨은 그들에게 고깃덩이 같은 증거를 던지면서 이것이 하나님의 뜻이라고 속인다.

두아디라의 사자라고 해서 다를 것이 없다. 엘리야도 우리와 같은 성정의 사람이었다. 고난에 취약한 것도 죽음을 두려워한 것도 유혹에 마음이 흔들리는 것도 우리와 같았다. 하지만 두아디라 사자 그리고 그와 함께 하나님의 것을 지킨 자들과 이세벨과 함께 간음했던 종들이 달랐던 것은 팥죽을 먹느냐 먹지 않았느냐의 차이였다.

대로와 좁은 길, 에서와 야곱, 팥죽과 장자, 십자가의 복음과 쉬운 복음, 넓은 길과 좁은 길, 깊은 것을 알려고 하는 마음과 그렇지 않은 마음의 중심이 실제적 행위로 도출된 선택이 둘의 차이를 만들어 내는 것이다.

그러나 이러한 선택은 단 한 번으로만 끝나지 않는다. 사단의 깊은 것을 알지 않으려고 하는 몸부림과 싸움은 두아디라 지역에 있는 한, 평생해야만 할 일이다. 왜냐면 우리 육체는 아무리 시간이 지나도 더 많은 것을 가지려고 하는 욕망이 내재하여 있기 때문이다.

나이가 들어 하나님 앞에 거룩한 연단에 단련되어 있고 경건에 이르는 연습을 많이 한 사람들조차 그 욕망의 찌꺼기들을 또 처리하고 내뱉는다. 그리고 그 연습을 더 많이 하면 할수록 더 깊은 욕망을 치우려고 노력하게 된다.

대청소를 한 번 한 집이라고 해서 그다음부터 청소를 하지 않고 살아가지는 않는다. 배설물은 먹으면 또 생겨 체내에서 배설되어야 한다. 인간의 영혼도 마찬가지다.

우리가 사단의 깊은 것을 알지 않기를 그리고 하나님이 우리에게 주신 그것을 매일 지키며 싸워야 하는 이유를 생각해 보았다.

집이 하나 있다. 처음엔 새집이었고 가구도 새로 들였다. 그러나 집주인이 청소를 할 생각을 하지 않는다. 쓰레기통에서 쓰레기가 넘쳐나고 집안이 점점 쓰레기로 차오른다. 그러나 집주인은 이 집을 청소하려 하지 않는다. 급기야 구더기가 들끓고 파리가 날아다니며 온갖 벌레들이 이곳저곳에서 출몰한다.

여기를 들추고 저기를 들춰도 바퀴벌레가 튀어나오고 침대보도 빨지 않아 기름이 덕지덕지 들러붙어 있다. 사람의 배설물과 동물의 배설물이 넘쳐난다. 집 안엔 온갖 곰팡이와 균들이 그득그득하고 전염병을 일으킬 만한 심각한 바이러스들이 둥둥 떠다니게 될 것이다. 이제 이 집은 청소를 한다고 될 문제가 아니다. 아예 태워버려야 한다.

사실 우리가 예수님을 만나기 전 영혼의 상태는 이와 같았다. 그래서 새집을 받는 것 즉, 거듭남을 이루시는 것이다. 그러나 그다음이 문제다. 새집을 받았고 그 안의 주인은 성령님이다. 사단의 깊은 것에 빠지는 것은 또다시 집을 태워버려야 하는 지경까지 이르게 하는 것이다. 이러한 악한 선택 또한 단번에 이뤄지지 않는다.

매일 매일 마약을 해 보라. 매일 매일 도박에 빠져 보라. 매일 매일 술고

래가 되어 보라. 거기서 빠져나오기가 얼마나 힘든지 알게 될 것이지만 이러한 선택을 하지 않기를 기도한다.

사단의 깊은 것에 빠지기까지 매일 치우는 선택을 하는 것이 아니라 매일 더러운 것을 가지고 오고 더럽힌 집을 치우지 않는 선택을 하는 것이다. 이 행위가 그 사람의 무엇을 보여주는가. 하나님에게 신경 쓰지 않는 그의 중심을 보여주는 것이다.

장자권 보다는 팥죽이 더 좋고 좁은 길보단 대로를 사랑하며 하나님의 은혜보다는 세상의 화려함을 더 사랑하는 중심을 보여주는 것이다.

에서가 되는 길도 야곱이 되는 길도 여러 번의 선택의 단련을 거친다. 그 길의 시작은 한 끗 차이일지라도 결국은 하늘과 땅 차이가 될 것이다.

몇십 년을 치우지 않는 집과 몇 십 년 동안 매일 청소를 하는 집의 차이는 굳이 얘기하지 않아도 알 것이다. 거룩함의 연단을 매일 선택하는 사람은 처음엔 보이는 곳만 정리하고 청소하다가 보이지 않는 서랍과 창고와 베란다까지도 청소하려고 할 것이다. 그럼에도 그는 그 집을 떠나기까지 매일 청소하게 될 것이다.

이러한 선택을 하는 자가 두아디라 교회의 사자와 같은 사람일 것이다. 그러나 우리는 무엇을 보는가. 엘리야와 같은 사람일지라도 예수님은 그에게 회개하라고 말씀하시며 교회 안에 있는 더러운 것을 제거하라고 호통을 치신다. 왜 그에게 말씀하시는가.

그에게 말씀하시는 것이 이세벨에게 직접 말씀하시는 것보다 낫기에 하시는 것이다. 거룩함의 연단에 고개를 숙이고 사단의 깊은 것에 빠지지 않는 그의 중심이 하나님의 분노를 올바로 인식할 수 있는 선택을 했기 때문이었다.

선택 그리고 택함

그렇다면 우리는 이 선택을 어떻게 할 수 있는가? 오직 주님께 간구하는 것 외엔 없다. 매일 나아가 주님께 부탁하는 행위를 하는 것이다. 거창한 기도를 할 것도 없다.

단지 '도와주세요' 혹은 '청소해주세요'라고 하는 단 한 번의 중심일지라도 주님은 기다리신다. 그 말자체가 곧 '주님을 믿겠으니 내가 기대게 해주세요'라는 선택이 나타난 것이기 때문이다.

그러나 이 또한 하나님의 택하신 백성들 안에서 이뤄진다. 하나님의 사랑을 받고 또 사랑하는 자들 안에서 이뤄지는 것이다. 사랑이 어떻게 이뤄졌는지 딱히 이렇다 설명할 수 없는 것처럼 하나님이 우리 안에서 이루시는 구원도 정확한 과정을 온전히 다 설명할 수도 이해할 수 없다. 다만 그 사랑의 결실이라는 것이 서로를 선택했다는 것밖에는.

하나님이 먼저 우리를 사랑하셨고 그다음 우리가 사랑하게 되었으며 하나님이 우리를 선택하셨고 그다음 우리가 그분을 선택했다는 것밖에는 설명할 길이 없다. 이 길을 통해 구원이 일어났고 우리는 기도를 하고 청소할 마음이 생기기도 한다.

단 하나 확실하게 말할 수 있는 건 인간은 의지가 있다는 것과 그 의지가 아주 최소한의 기도는 할 수 있다는 것과 하나님은 그 기도하는 자의 최소한의 중심을 절대 물리치지 않으신다는 사실이다.

하나님의 택하심이 우리가 하나님께 기도하기를 선택하게 하지만 서로의 택함이 어느 정도의 크기를 차지하여 완성하는지는 알 수 없다. 우리가 기억해야 할 하나의 사실은 하나님이 우리를 부르셨으며 그가 내민 손을 잡아 사귐에 이르러야 한다는 것이다.

우리가 살아있는 한 최선을 다해서 해야 할 일이며 매일 반복해야 하는 일은 서로가 서로를 향해 가난한 마음으로 선택하는 일이다. 하나님은 이 일을 위해 우리를 부르셨기 때문이다.

Revelation

6장
성령이 교회들에게
하시는 말씀

너희는 성령을 쫓아 행하라 갈 5:16

만일 우리가 성령으로 살면
또한 성령으로 행할찌니 갈 5:22

귀 있는 자는

에베소, 서마나, 버가모 앞의 세 교회에게 예수님은 '귀 있는 자들은 성령이 교회들에게 하시는 말씀을 들을지어다'라는 말씀 후 이기는 자에 대한 약속을 언급하신다. 하지만 두아디라에서부터는 이 문장을 이기는 자에 대한 약속을 말씀하신 후 그다음에 언급하시는 것을 볼 수 있다.

이러한 위치가 아무것도 아닌 것처럼 보일 수 있지만 반복적으로 나타나는 문장이나 규칙은 예수님이 하신 말씀의 의도를 깨닫는 데 있어 매우 중요한 부분이다.

예를 들어, '볼찌어다', '화 있을 진저'와 같은 예수님의 말씀의 반복이나 민수기 같은 경우 '여호와께서 모세에게 명하신 대로 행하였더라' 나 '여호와께서 모세에게 일러 가라사대', 선지서에서 '여호와의 말이니라' 같은 반복적인 문구들은 누가 누구에게 말하고 어떻게 행해졌는지를 명확히 구분할 수 있으며 하나님이 그 말씀을 얼마나 중요하게 생각하고 있는지를 알 수 있다.

모세오경의 경우 '여호와께서 모세에게 일러 가라사대'가 먼저 등장하고 그다음 '여호와께서 모세에게 명하신대로 되니라'라는 말이 기록되어 있다. 이것은 모세가 하나님께 말씀을 들었고 그 말씀이 실제로 이뤄졌다는 사건의 경위를 강조하기 위해서다. 그 말씀의 신빙성은 그 말이 실제로 나타날 때 증명된다. 만약 두 문장의 순서가 뒤바뀌었다면 우리는 하나님의 말씀을 신뢰할 수 없었을지도 모른다.

이처럼 '귀 있는 자는 성령이 교회들에게 하시는 말씀을 들을지어다'라는 말의 반복과 그 위치는 상당히 중요하다.

이 문장 자체에 대한 중요성은 앞서 설명한 것처럼 일곱교회에게 하신 말씀 중 가장 중요한 요지이며 믿음 안에서 그리스도의 교회에 속한 이라면 누구나 할 것 없이 기억해야 할 가장 중요한 진리다. 하지만 우리는 그 위치에 대한 중요성이 무엇인지 언뜻 보아선 이해하기가 쉽지 않다.

앞서 이에 대해서도 잠깐 설명한 바가 있지만, 다시 한번 언급하려 한다. 왜냐면 이 위치가 우리에게 주는 진리는 우리가 영원한 나라에 들어가기 위해 어떠한 마음의 중심을 가져야 하며 또 어떠한 중심으로 영원을 살아야 하는지를 생각하게 하기 때문이다.

거룩함을 아는 길

그렇다면 질문을 해 보자. 왜 예수님은 우리에게 성령의 말씀을 들으라고 명하시는 것일까. 이것은 단순히 권유가 아니다. 명령이다. 대체 성령의 말씀이 우리에게 어떠한 일을 하시기에 이 일을 7번이나 반복하여 명령하시는 것일까.

성령의 하시는 일은 우리가 이 세상에서 살아갈 때 하나님의 뜻과 거룩함 안에 살게 하기 위해 도우시는 것이다. 그가 보혜사 하나님으로서 우리 안에 내주하셔서 거듭나 새롭게 된 우리의 영혼이 하나님의 영원한 나라까지 무사히 가게 하시기 위해 도우시는 일을 하신다.

거듭나는 순간 우리는 그 자체로 하나님의 나라가 된다. 세상 가운데 살지라도 성령께서 우리 안에 들어오시는 순간 그분은 하나님의 나라의 깃발을 꽂으시고 이곳은 하나님의 나라라고 선포하시기 때문이다.

따라서 천국에 들어가기까지 우리는 이 깃발이 꽂힌 나라를 침공하고 침략하려는 악한 영들을 매일 그분과 함께 싸워내야 한다. 여기서 우리가 알아야 할 사실은 성령 하나님이 우리 안에 들어오신다고 할지라도 성령님은 우리의 의지와 의견을 무시한 채 일하시지 않는다는 점이다.

우리에겐 여전히 의지가 존재하며 성령은 자기 뜻 안에서 우리가 그 의지를 내어드리길 원하신다. 그러한 일이야말로 '하나님의 말씀과 믿음이 결부되는 사건'이기 때문이다(히 4:2).

성령이 우리 안에서 말씀하실 때 우리는 그 말씀을 듣고 행해야 한다. 그것이 우리가 승리할 수 있는 유일한 방법이다. 세상과 싸워 이길 수 있는 길이다. 이것이 성령이 우리 안에 내주하시는 첫 번째 이유다. 그리고 기억해야 할 것은 이 첫 번째 이유가 성령이 우리 안에 내주하시는 많은 이유 중 하나일 뿐이라는 점이다.

그렇다면 더 구체적으로 이기는 자의 상급 이전에 귀 있는 자는 성령이 하시는 말씀을 들으라는 문장이 나온 세 교회-에베소, 서머나, 버가모 교회들이 획득할 상급이 어떤 것인지를 살펴보자.

- 에베소 - 하나님의 낙원에 있는 생명나무의 실과를 주어 먹게 하리라.
- 서머나 - (생명의 면류관을 주리라) 둘째 사망의 해를 받지 않으리라
- 버가모 - 감추었던 만나를 주리라, 흰 돌을 줄 터인데 받는자 외에는 알 자가 없으리라

생명나무의 실과, 둘째 사망의 해, 감추었던 만나와 흰 돌 이것들을 받을 수 있다고 결정이 되는 것은 성도들이 세상에서 육체를 입어 살고 있을 때 결정되는 것이다. 이것은 다른 교회의 상급들도 마찬가지다. 그러나 앞의 세 교회가 받을 상급은 단발적이다. 영원한 나라에 한 번 들어가면 더 이상 이것을 받기 위해 노력하지 않아도 되는 것들이다.

첫 번째 상급 '생명나무의 실과'는 세상에서 성령의 음성을 듣고 살다가 영원한 나라에 들어가면 더 이상 성령께서 '이것을 먹기 위해 힘쓰고

애쓰라'라고 명하실 필요가 없다. 둘째 사망의 해를 받지 않는 것도 그 때가 지나면 성령이 사람으로 하여금 둘째 사망의 해를 받지 않게 하기 위하여 애쓰실 필요가 없다. 흰 돌과 감추어진 만나를 얻는 것도 마찬가 지다.

생명 나무의 실과, 둘째 사망의 해를 받지 않는 것, 흰 돌과 감추어진 만나를 얻는 것은 단발적이며 그 일이 끝나면 우리는 영원한 나라에 들 어가므로 성령께서 더 이상 그 일을 하시기 위해 힘쓰실 이유가 없게 된 다. 위와 같은 상급들은 천국에 들어가 얻을 수 있는 시민증 혹은 자격증 과 같은 것이다. 이것을 얻기 위해 또다시 싸울 수는 없는 일이다.

그러나 서머나 교회의 경우 서머나 교회 사자에게만 허락된 상급인 '내 가 생명의 면류관을 주리라'는 약속은 이 문장의 앞에 기록되어 있다. 생 명의 면류관은 무엇을 뜻하는 걸까. 면류관을 받는다는 것은 통치할 자 격을 얻게 된다는 뜻이다. 이것은 단순한 상급이 아닌 영원한 나라에서 예수님과 함께 나라를 통치할 왕으로서 서게 된다는 뜻이다.

우리는 예수님이 영원한 나라를 어떻게 통치하실지를 생각해 봐야 한 다. 통치는 나라의 이념과 법도를 가지고 정치를 한다는 의미다. 올바른 통치 즉, 정치는 나라를 운영하고 백성을 끌어안으며 그들을 위해 열심히 일한다는 것이다. 통치하는 자의 자격은 백성을 위해 기꺼이 헌신할 마음 이 생겨날 때 얻어진다.

백성을 사랑하고 나라의 이념을 실천하며 법도를 정비하고 그들의 삶을 풍족하게 해주는 데 있다. 예수님이야말로 백성을 위해 목숨을 버리고 영원히 행복할 수 있는 나라를 주실 수 있는 영원한 왕이다. 면류관을 받는다는 것은 예수님이 하시는 것과 같은 정치를 같은 마음으로 할 수 있는 자격을 얻었다고 할 수 있다.

그가 면류관을 받았다는 것은 하나님 나라에서 정치적인 일을 영원히 해야 할 사람이라는 것을 말해준다. 예수님이 받으신 통치의 자격을 그도 받게 되는 것이다.

다시 한번 생각해보자. 예수님은 어떻게 영원한 나라를 통치하실까. 그분 또한 성령과 함께 행하시고 그의 음성을 들으심을 통해 아버지의 뜻을 이해하고 실천하실 것이다. 이 일은 이 세상에서만 이뤄진 일이 아니라 영원히 그 일을 하시기 위해 이 세상에서 우리에게 본을 보이신 것뿐이다.

그렇다면 우리 또한 마찬가지다. 생명의 면류관을 받고 영원한 나라에 들어간 이후, 철장으로 질그릇을 깨뜨리듯 통치하는 왕의 자격을 부여받은 자에게 필수적인 요건은 성령의 음성을 듣는 일상이 몸에 배어있을 뿐 아니라 마치 뉴런의 신경이 온몸에 명령을 하달하는 것처럼 자연스러운 일이 된 사람이다.

생명나무의 과실을 먹은 후에, 흰 돌을 받은 후에, 감추어진 만나를 얻은 후에, 둘째 사망의 해를 받지 않은 후에, 만약 이러한 권세를 받는 자격이 주어진다면 우리는 영원히 성령의 음성을 듣고 그 분의 음성을 듣고 행해야 한다. 공의와 사랑이 실수 없이 백성에게 행해지기 위해서는 실수 없이 모든 일을 행하시는 하나님의 뜻이 성령의 음성을 통해 전달되어야 하기 때문이다.

따라서 두아디라 교회 사자에게 전하시는 서신에서부터는 이 문장의 위치가 달라질 수밖에 없음을 알 수 있다.

우리의 목적은 단지 생명나무의 과실을 얻는 것에만 있지 않다. 그다음을 위해 우리는 성령의 음성을 듣고 행하기를 훈련받고 있다. 영원한 나라에서 영원히 주님과 함께 '임마누엘' 하기 위해 말이다. 예수님의 말씀은 실수가 없으시다. 그는 그의 나라와 이념에 대해 가르치기 원하시고 또 성도들이 천국에서 영원히 지속할 진리 곧 그의 이념을 세상에서도 실천하고 천국에서는 더더욱 그렇게 하길 원하신다.

그러나 이는 오로지 우리가 성령의 음성에 귀를 기울일 때만 가능하다는 것을 깨닫는다. 또 그분의 음성에 순종할 때에만 가능하다는 것을 말씀을 통해 우리는 깨닫게 될 것이다.

여기까지가 일곱교회 이야기의 첫 번째 내용이다. 계시록을 어떻게 보아야 하는가, 영적인 배경이 무엇인가, 계시록의 주체가 누구인가에 대해 알아보았고 에베소에서 서머나, 버가모, 두아디라에 이르기까지 살펴보았다. 여기에 펼쳐진 하나님의 진리들은 이제 그 뒤 사데와 빌라델비아, 라오디게아 교회에까지 연결된다. 이 모두가 한 진리 곧 복음 안에서 우리에게 외치고 있는 소중한 하나님의 마음이다. 성령의 음성이 그 마음을 담고 있고 우리 또한 그 마음을 가지고서 하나님께 영광을 돌려야 할 것이다.

두 번째 내용에서 더욱 자세하게 서술되는 하나님의 계획과 오래 전부터 시행되어 오고 있던 하나님의 모략들이 나머지 교회 안에서도 펼쳐질 것이다. 내 자신은 어떠한 상태이며 어떠한 영적인 전쟁을 직면하고 있는가를 일곱교회 이야기를 통해 발견하게 될 수 있기를 바라며 2권에서도 동일한 하나님의 은혜가 임하기를 기도해 본다.

- 2권으로 -